SOLDATEN-WEITSPRUNG WETTBEWERB

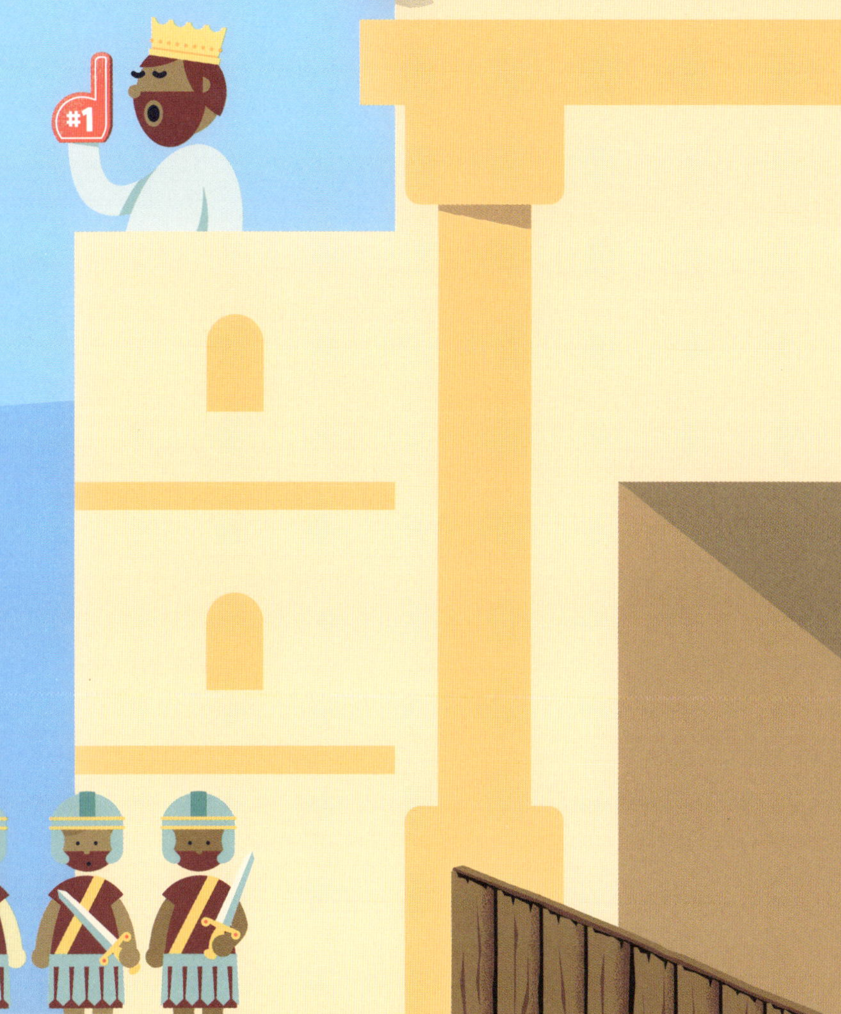

SUPER BIBELWISSEN

FÜR *Kinder*

RIESEN, HELDEN UND GÖTTLICHE WUNDER

SUPER BIBELWISSEN

HEATHER GREEN

KYLE HATFIELD

NICOLE DOUGHERTY

KYLER DOUGHERTY

BESONDERS DANKEN WIR

JEFF MARION GENE SKINNER DEREK DOUGHERTY BRYCE WILLIAMSON

ISBN 978-3-96362-242-7

Originally published in English under the title
BIBLE INFOGRAPHICS FOR KIDS

Deutsch von Jennifer Hahn
Illustrationen: Brian Hurst
Cover design: Nicole Dougherty / Kyler Dougherty
Umschlaggestaltung: Francke-Buch GmbH
Satz: Francke-Buch GmbH
Druck: Leo Paper

www.francke-buch.de

Ein Bild sagt mehr als tausend Worte

Hast du dieses Sprichwort schon mal gehört?
Es will sagen, dass wir viel eher von etwas überzeugt sind, wenn wir es mit eigenen Augen sehen, als wenn wir nur davon hören oder lesen.

Einen Regenbogen kann man beschreiben …

Ein Regenbogen ist ein Naturphänomen. Dabei wird Licht durch Wasserpartikel in sieben Farben gebrochen: rot, orange, gelb, grün, blau, indigo und lila.
Kannst du es dir jetzt vorstellen? …zzZ

Wahnsinn! Echt irre, dieser Regenbogen!

… aber es ist etwas völlig anderes, wenn du selbst einen siehst.

Genau dafür ist dieses Buch gedacht. Es enthält Zeichnungen von Zusammenhängen, die man sonst nur schwer verstehen könnte. Sie malen dir viele coole Fakten und unglaubliche Infos aus der Bibel vor Augen.

SUPER BIBEL KENNER

Bist du bereit für dein Abenteuer?
Was du dabei erfährst und dazulernst,
ist einfach **GALAKTISCH.**

LOS GEHT'S!

EINFACH GENIAL

INHALTSVERZEICHNIS

6 **Die Bibel** – Gottes total geniales Buch

8 **Wie hat eigentlich alles angefangen?**

10 **Arche Noah** – Wie groß war sie?

12 **Gott und sein Volk**

14 **Die 10 Plagen**

16 **Gott gibt seinem Volk das Gesetz**

18 **Welche Bedeutung hat eigentlich die Stiftshüt**

20 **Seltsame und unglaubliche Geschichten der Bibe**

22 **Wir präsentieren: die ungewöhnlichsten Menschen der Bibel**

24 **David, der Alleskönner**

26 **Psalmen und Sprüche**

28 **Das Buch Daniel**

30 
Gottes atemberaubende Wunder

32 Der Stammbaum von Jesus

34

40 Die Geburt eines ganz besonderen Babys!

42 Ist Jesus wirklich der Auserwählte Gottes?

44 Jesus wird gekreuzigt

46 Halleluja, er ist auferstanden!

48 Jesus und seine 12 Jünger

50 Der Apostel Paulus

52 Gottes Plan für die Zukunft

54 REGISTER

DIE **BIBEL** – GOTTES TOTAL GENIALES BUCH

DIE 66 BÜCHER DER BIBEL

Altes Testament – 39 Bücher

- **Das Gesetz** (5) 1. bis 5. Mose
- **Geschichtsschreibung** (12) Josua bis Esther
- **Weisheit und Poesie** (5) Hiob bis Hohelied
- **Prophetische Reden** (17) Jesaja bis Maleachi

Neues Testament – 27 Bücher

- **Die Evangelien** (4) Matthäus bis Johannes
- **Kirchengeschichte** (1) Apostelgeschichte
- **Briefe** (21) Römer bis Judas
- **Über das Ende der Welt** (1) Offenbarung

Es gibt **31.102** Verse in der gesamten Bibel.

Altes Testament **23.145** Verse | Neues Testament **7.957** Verse

SO WURDE DIE BIBEL GESCHRIEBEN …

… von mehr als 40 Autoren

Samuel, Priester

David, König

Josua, General

Nehemia, Mundschenk

Daniel, Premierminister

Lukas, Arzt

Petrus, Fischer

Matthäus, Steuereintreiber

Paulus, Rabbiner, Pharisäer und Zeltmacher

Ein Mundschenk musste die Getränke des Königs kosten, um sicherzustellen, dass sie nicht vergiftet waren.

… an vielen verschiedenen Orten

Mose in der Wüste

Daniel im Palast eines fremden Herrschers

Paulus im Gefängnis und auf Weltreise

Lukas auf Reisen mit Paulus

Johannes im Exil auf der Insel Patmos

Auf drei Kontinenten – Asien, Afrika und Europa

… in drei verschiedenen Sprachen

Hebräisch (fast das ganze Alte Testament) – Hebräisch wurde von rechts nach links gelesen und auch geschrieben. Das Hebräische kommt ganz ohne Vokale aus.

? ?ztS rsd lhw tßh d tsblg sV

Aramäisch (Teile des Alten und Neuen Testaments) – Die Israeliten begannen Aramäisch zu sprechen, als sie im Exil in Assyrien und Babylonien lebten.

Griechisch (Großteil des Neuen Testaments) – Dies war die Umgangssprache, die überall im Römischen Reich gesprochen wurde. Sie unterscheidet sich vom klassischen Griechisch, das Aristoteles, Homer, Sokrates und Plato sprachen.

DASNEUETESTAMENTWURDEINSEINERU
RSPRUNGSFORMGENAUSOGESCHRIEBE
NOHNEZWISCHENRAUMZWISCHENDEN
WÖRTERNESGABKEINEPUNKTEAMENDE
EINESSATZESIMORIGINALGABESKEINEEI
NTEILUNGINKAPITELUNDVERSEDASHAT
MANSPÄTERHINZUGEFÜGTUMDIELESBA
RKEITZUERHÖHEN

… über eine Spanne von etwa 1.500 Jahren!

5 Milliarden
4 Milliarden
3 Milliarden
2 Milliarden
1 Milliarde

DIE **BIBEL**

Die Tribute von Panem-Trilogie
von Suzanne Collins
23 Millionen mal verkauft

Herr der Ringe-Trilogie
von J.R.R. Tolkien
150 Millionen mal verkauft

Harry Potter-Bücher
von J.K. Rowling
500 Millionen mal verkauft

Don Quixote
von Miguel de Cervantes
500 Millionen mal verkauft

ALLE VERKAUFTEN BIBELN WÜRDEN ...

beinahe **3-MAL BIS ZUM MOND** reichen.

DIE ERDE mehr als **28-MAL** am ÄQUATOR UMRUNDEN.

DIE LUTHERBIBEL 2017 UMFASST ÜBER

803.000 WÖRTER

(und **3.116.000** Buchstaben).

Die ganze Bibel einmal abtippen dauert mehr als

260 STUNDEN.

Damit wärst du

11 TAGE AM STÜCK

beschäftigt.

10 schlaflose Nächte!

Kein anderes Buch wurde in so viele Sprachen übersetzt wie die Bibel.

Die komplette Bibel:	Teile der Bibel:	Noch nicht abgeschlossen:
636 (selbst auf Klingonisch und die Emojisprache)	**3.223**	**2.422** einzelne Übersetzungen in **165** Ländern

WIE HAT EIGENTLICH

TAG 1

GOTT TRENNTE DAS **DUNKEL** vom **LICHT**.

ES GAB WEDER **SONNE** NOCH **MOND** ODER **STERNE** ...

Gott war das Licht!

»Ich bin das Licht für die Welt. Wer mir nachfolgt, wird nicht in der Dunkelheit umherirren, sondern er hat das Licht, das ihn zum Leben führt.« Johannes 8,12

TAG 2

GOTT TRENNTE DIE **ERDE** vom **HIMMEL**.

DIE ERDE **BEWEGT SICH SCHNELL!**

Wenn du auf dem Äquator stehst, wirbelst du mit **1.610** Stundenkilometern herum und drehst dich mit **107.000** Stundenkilometern um die Sonne!

Warum wird uns dabei nicht schwindelig? Weil sich alles um uns herum mit derselben Geschwindigkeit dreht, fühlt es sich für uns so an, als würden wir uns überhaupt nicht bewegen.

TAG 3

GOTT TRENNTE DAS **LAND** vom **MEER.** ER SCHUF DIE **PFLANZEN** UND **BÄUME**.

DIE **ERDOBERFLÄCHE** BESTEHT ZU **28%** aus FESTLAND & **72%** aus WASSE

Alle Meere zusammen ergeben **weniger als 1 % des Erdvolumens.** Insgesamt würde ihre Masse mehr als 866-mal in den Erdball hineinpassen.

TAG 7

AM SIEBTEN TAG **RUHTE** GOTT SICH AUS.

Gott befahl den Israeliten, an diesem Tag auszuruhen und den Kontakt mit ihm zu suchen. Das taten sie am Samstag und nannten diesen Tag den Sabbat.

»Denke an den Sabbat als einen Tag, der mir allein geweiht ist!« 2. Mose 20,8

ALLES **ANGEFANGEN?**

TAG 4

GOTT SCHUF **SONNE, MOND** UND **STERNE** UND **PLANETEN.**

GOTT SCHUF **ZWEI GROSSE LICHTER**

DAS GRÖSSERE LICHT für den **TAG**	DAS KLEINERE LICHT für die **NACHT**

1. Mose 1,16

DIE **SONNE** ist **400-MAL SO GROSS** wie der **MOND.**	Der **MOND** ist uns **400-MAL NÄHER** als die **SONNE.**

! Deshalb kommt es uns so vor, als wären sie etwa **gleich groß.**

TAG 5

GOTT SCHUF DIE **VÖGEL** UND DIE **TIERE IM WASSER.**

BRUTZEIT

14 Tage
Kanarienvogel

21 Tage
Huhn

28 Tage
Ente

35 Tage
Schwan

42 Tage
Vogel Strauß

! Übrigens sind die Brutzeiten von vielen Vögeln **durch 7 teilbar.**

TAG 6

GOTT SCHUF DIE **TIERE,** DIE AN LAND LEBEN, UND **MANN** UND **FRAU** NACH SEINEM EBENBILD.

Gott formte dabei einen **MANN (»ADAM«)** אָדָם

aus dem Staub am **BODEN (»ADAMA«)** אֲדָמָה

Dann ließ Gott den Mann in einen tiefen Schlaf fallen und **erschuf** aus einer seiner Rippen **Eva, die erste Frau.**

! **Wusstest du,** dass die Bestandteile, aus denen sich der menschliche Körper zusammensetzt, alle auch im Erdboden vorkommen?

Ca

Gott hat den kleinsten Käfer und die größte Galaxie erschaffen. Alles war sehr gut.

1. Mose 1-2

ARCHE NOAH
WIE GROSS WAR SIE?

In der Bibel werden die Maße der Arche in Ellen angegeben.

WIE LANG IST EINE ELLE?

1 ELLE

ca. 45 ZENTIMETER

Gott ließ es

960 Stunden

ohne Pause regnen.

Die Flut überragte den höchsten Berg um

6 Meter

Die Arche landete schließlich auf dem Ararat. Der war

5.137 m hoch.

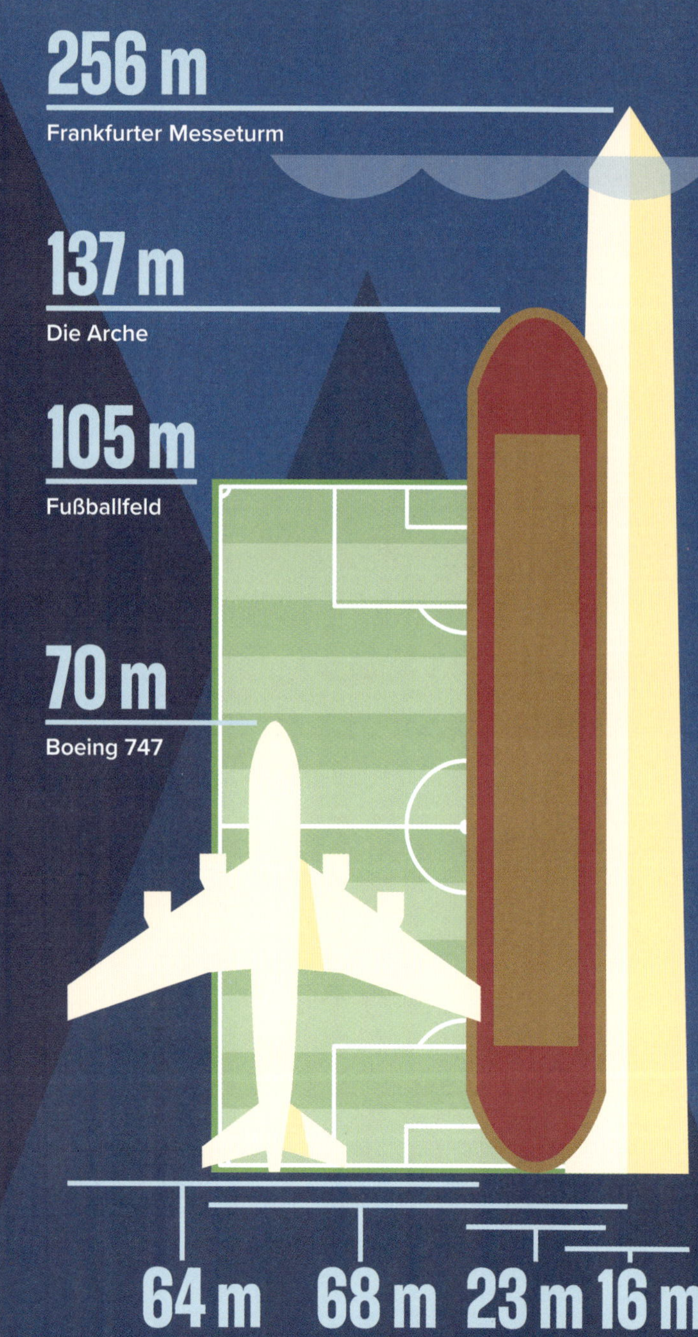

1. MOSE 6,1–9,17

In der Arche waren

von jeder Tierart ein Pärchen.

Das sind eine Menge Tiere.

Die Arche hatte
9.290 qm

DAS WEISSE HAUS IN WASHINGTON HAT
5.110 qm

In die Arche passten fast
7,5 Mio
FUSSBÄLLE.

Wenn du diese Fußbälle alle nebeneinanderlegst, ergibt das eine Entfernung von
1.657 km!
Das entspricht der Strecke von
HAMBURG NACH **MÜNCHEN**
und zurück.

Eine genauso große Fläche erhält man, wenn man
71.620 PIZZEN
nebeneinanderlegt. Dann könnte man
196 JAHRE
lang jeden Tag eine Pizza essen.

GOTT UND SEIN VOLK

Die Geschichte von Abraham, seinen Nachkommen und die Entstehung des Volkes Israel

Als Abraham **70 Jahre alt** war, gab Gott ihm ein Versprechen. *Er führte ihn aus dem Zelt ins Freie und sagte zu ihm:* ***»Schau dir den Himmel an und versuche die Sterne zu zählen! Genauso zahlreich werden deine Nachkommen sein — unzählbar!«***

1. Mose 15,5b

MEISTERWÄHNTER MANN #7 DER BIBEL

ABRAHAM

Er war **100 JAHRE ALT,** als Isaak geboren wurde.

Er war bereit, seinen Sohn zu opfern, **WEIL ER GOTT GEHORCHEN WOLLTE.** Aber Gott sandte einen Engel, der ihn davon abhielt.

ER WURDE 175 JAHRE ALT.

MEISTERWÄHNTE FRAU #1 DER BIBEL

SARA

ES FIEL IHR SCHWER, DARAUF ZU WARTEN, dass Gott sein Versprechen einlöste. Dennoch wurde sie die Mutter des Volkes Israel.

Bei Isaaks Geburt war sie **90 JAHRE ALT.** Diese Geburt war ein Wunder.

MEISTERWÄHNTE FRAU #4 DER BIBEL

REBEKKA

Brachte Jakob und Esau zur Welt, **DIE ERSTEN ZWILLINGE,** die in der Bibel erwähnt werden.

MEISTERWÄHNTER MANN #15 DER BIBEL

ISAAK

Sein Name bedeutet **»ER LACHT«,** weil seine Eltern lachten, als sie erfuhren, dass sie mit 90 und 100 Jahren ein Kind bekommen würden.

MEISTERWÄHNTER MANN #4 DER BIBEL

JAKOB

Zusammen mit seiner Mutter **BETROG** er seinen Vater **ISAAK,** damit er ihm den Segen des Erstgeborenen zusprach, der eigentlich Esau zustand. Er bekam von Gott einen **NEUEN NAMEN — »ISRAEL«.**

Jakobs 12 Söhne wurden bekannt als ...

DIE 12 STÄMME ISRAELS

RUBEN · SIMEON · LEVI · JUDA · DAN · NAFTALI · GAD · ASSER · ISSACHAR · SEBULON · BENJAMIN

LEVI: BARNABAS, JOHANNES DER TÄUFER, MOSE

Die Nachfahren Levis waren Priester, ihnen wurde kein eigenes Land zugewiesen, sondern sie lebten auf alle Stämme verteilt.

JUDA: DANIEL, JESUS

DAN: SIMSON

NAFTALI: Die Propheten sagten voraus, dass der Messias im Gebiet von Naftali leben würde. Galiläa, wo Jesus lebte, lag tatsächlich in genau diesem Gebiet!

BENJAMIN: KÖNIG SAUL, MORDECHAI, APOSTEL PAULUS

Lies weiter und finde heraus, welche Rolle Mose in der Geschichte von Gottes Volk spielt ...

MOSE

Vier Generationen später führte er die Israeliten (dieser Name wurde den Nachfahren Abrahams gegeben) heraus aus der Sklaverei in Ägypten. Darüber kannst du auf Seite 14 und 15 noch mehr lesen. Später zogen die Israeliten in das Land, das Gott Abraham versprochen hatte. So erfüllte Gott sein Versprechen.

600.000 MÄNNER (älter als 20) + **FRAUEN** + **KINDER** (mit all ihren Tieren und Herden) = etwa **3-4 MILLIONEN MENSCHEN**

Das ist etwa die Einwohnerzahl von Berlin!

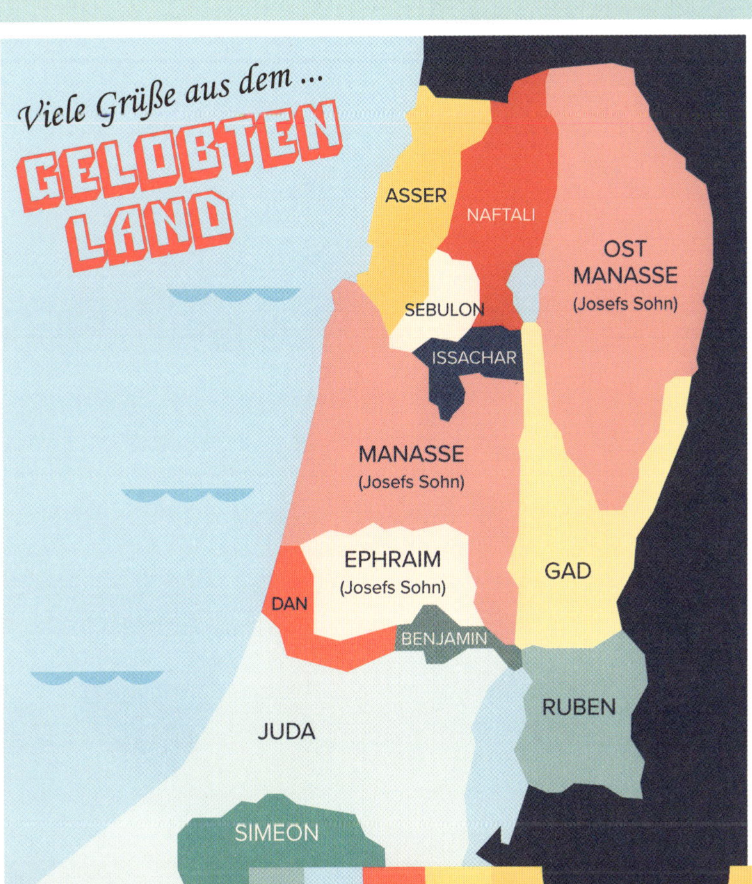

!

WUSSTEST DU SCHON, DASS MAN MIT BLOSSEM AUGE NUR

4.548 STERNE

AM NACHTHIMMEL ERKENNEN KANN? TATSÄCHLICH GIBT ES ZWISCHEN

100 und 400 MILLIARDEN STERNE IN UNSERER GALAXIE (MILCHSTRASSE).

MEISTERWÄHNTER MANN #9 DER BIBEL

JOSEF

EPHRAIM — **MANASSE**

JOSUA

SAMUEL

Jakob sprach über Josef den Segen, der eigentlich für den Erstgeborenen gedacht ist. Außerdem wurden Josef zwei Landstriche zugewiesen: für seine zwei Söhne Ephraim und Manasse.

JOSEFS BUNTER MANTEL

JOSEFS BUNTER MANTEL WAR EIN SYMBOL FÜR

seinen Status als Lieblingssohn, das Wunder seiner Geburt, seine Gabe, prophetisch zu träumen.

WAR EINE VORAUSDEUTUNG

auf all das, was ihm noch geschenkt wird.

WAR DER ANSTOSS FÜR

die Eifersucht seiner Brüder

WAR EIN MITTEL,

um Jakob glauben zu machen, Josef sei tot.

DIE 10 PLAGEN

WIE GOTT SEINE MACHT DEMONSTRIERT

Als der Pharao die Israeliten nicht aus der Gefangenschaft freilassen wollte, ließ Gott 10 Plagen über die Ägypter kommen, jede davon schrecklicher als die vorhergehende.

Plage, die (*Substantiv*) : eine weitverbreitete Katastrophe

1 WASSER WIRD ZU BLUT

2. Mose 7,14-25

Die Ägypter beteten den Nil an – bis er sich in einen Fluss aus Blut verwandelte! Alle Fische darin starben, der Fluss stank fürchterlich und natürlich wurde das Wasser ungenießbar.

2 FRÖSCHE

2. Mose 7,26-8,11

Ein Frosch oder zwei mögen ja noch ganz süß sein, aber Gott ließ Tausende von ihnen über Ägypten kommen. Die Frösche waren einfach überall! Stell dir nur mal diesen Lärm vor. Sogar im Palast des Pharao waren sie. Auch beim Schlafen hatten die Menschen keine Ruhe vor ihnen.

3 STECHMÜCKEN

(vielleicht auch Flöhe oder Läuse)

2. Mose 8,12-15

Den Ägyptern war Sauberkeit sehr wichtig. Deswegen schoren sie sich alle Haare am Körper und trugen Perücken. Ein Grund dafür war ihre Angst vor Läusen. Deswegen muss diese Plage sie ganz besonders hart getroffen haben.

4 FLIEGEN

2. Mose 8,16-28

Stell dir vor, wie Schwärme von Fliegen sich in ganz Ägypten ausbreiten! In den USA tauchten im Jahr 2014 in der Nähe des Mississippi so große Fliegenschwärme auf, dass den Autofahrern die Sicht versperrt war und es schlimme Unfälle gab.

5 DAS VIEH AUF DEN FELDERN STIRBT

2. Mose 9,1-7

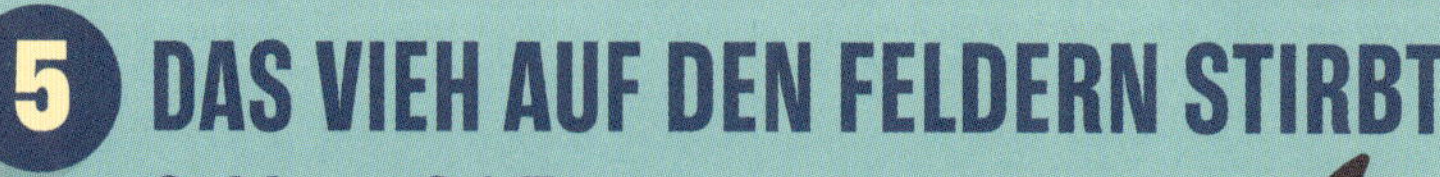

Die Viehherden der Ägypter versorgten Ägypten mit Fleisch, Milch und Leder. Manche der ägyptischen Götzen sahen einem Rind ziemlich ähnlich.

6 GESCHWÜRE

2. Mose 9,8-12

Nicht nur die Ägypter bekamen plötzlich schmerzhafte Geschwüre auf ihrer Haut, die mit Eiter gefüllt waren, sondern auch ihre Tiere. Sogar die Zauberer des Pharao konnten Mose nicht mehr entgegentreten, weil auch sie unter den heftigen Geschwüren litten.

AUA!

7 HAGEL

2. Mose 9,13-35

Dieser Hagelsturm war der Schlimmste, den das Land Ägypten jemals erlebt hat – Tiere und Menschen wurden von den riesigen Körnern erschlagen und die Ernte wurde komplett zerstört.

GRÖSSTES DOKUMENTIERTES HAGELKORN

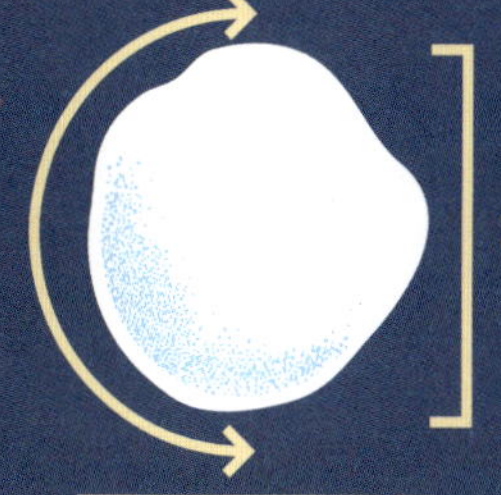

8 HEUSCHRECKEN

2. Mose 10,1-20

Was nach dem Hagelsturm noch übrig war, wurde von einem unvorstellbar großen Heuschreckenschwarm gefressen.

Eine Heuschrecke ist etwa so groß wie eine Büroklammer.

Der größte HEUSCHRECKENSCHWARM aller Zeiten bedeckte eine Fläche größer als die der BUNDESREPUBLIK DEUTSCHLAND!

9 FINSTERNIS

2. Mose 10,21-29

Wer hat denn das Licht ausgemacht? – Gott! Volle drei Tage lebten die Ägypter in kompletter Finsternis. Sie konnten noch nicht einmal die eigene Hand vor Augen sehen und tappten völlig im Dunkeln. Nur beim Volk Israel war es zur gleichen Zeit taghell.

10 TOD DES ERSTGEBORENEN

2. Mose 11-12

Bei der letzten Plage tötete Gott alle erstgeborenen Söhne der Ägypter – sogar den ältesten Sohn des Pharao. Die Familien aus dem Volk Israel, die Gottes Warnung ernst genommen und ihre Türpfosten mit Blut bestrichen hatten, wurden verschont.

ES GAB EINEN GRUND DAFÜR, DASS GOTT SEINE MACHT SO AUSSPIELTE

Jede der 10 Plagen war auf einen der ägyptischen Götzen gemünzt. Damit zeigte er sich als der einzig wahre Gott.

Bald nach der zehnten Plage führte Gott sein Volk aus Ägypten heraus und führte es dem Land, das Gott Abraham versprochen hatte, einen Schritt näher.

»Ich werde mein Urteil an allen Göttern Ägyptens vollstrecken, denn ich bin der Herr!«
2. Mose 12,12

GOTT GIBT SEINEM VOLK
DAS GESETZ

REGELN UND VORSCHRIFTEN FÜR GOTTES VOLK

Das Gesetz war wie ein Erzieher für uns, bis Jesus auf die Erde kam. Es hat uns bewahrt, aber jetzt können wir durch den Glauben mit Gott ins Reine kommen.

Galater 3,24

DAS DARFST DU NICHT TUN

365
VERBOTE

Genauso viele Verbote, wie das Jahr Tage hat.

DAS SOLLST DU TUN

248
GEBOTE

Genauso viele Gebote, wie der menschliche Körper Knochen und Organe hat.

613 ANWEISUNGEN – IST DAS NICHT EIN BISSCHEN ZU V

Tatsächlich hat das deutsche Bundesrecht etwa 2.000 Gesetze und zusätzlich über 3.000 Verordnungen – und dabei sind die Gesetze, die nur für bestimmte Bundesländer gelten, noch nicht einmal mitgerechnet!

DAS MORALISCHE GESETZ

RECHT VON UNRECHT UNTERSCHEIDEN

2. Mose 20,1-17

GOTT LIEBEN

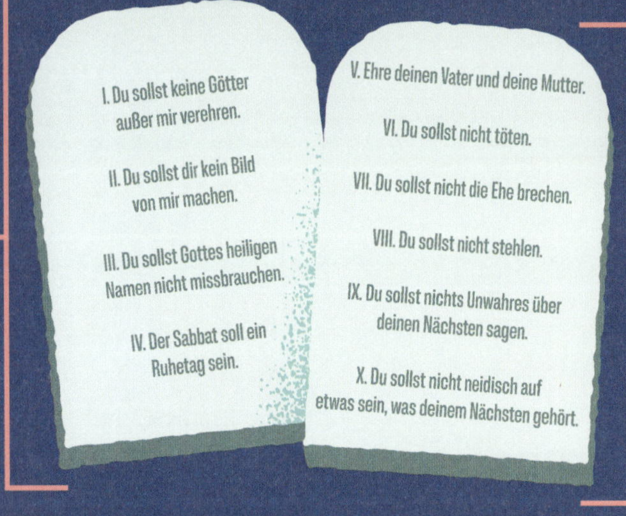

DEN NÄCHSTEN LIEBEN

DIE ZEHN GEBOTE wurden Mose auf Steintafeln übergeben und danach in der Bundeslade aufbewahrt.

WELCHES GEBOT IST DAS WICHTIGSTE VON ALLEN?

Jesus sagte: »›**DEN HERRN DEINEN GOTT ZU LIEBEN** mit deinem ganzen Herzen und mit deinem ganzen Verstand.‹ Das ist das wichtigste von allen. Und ein anderes ist genauso wichtig: ›**DU SOLLST DEINEN NÄCHSTEN LIEBEN** wie dich selbst.‹ Das ganze Gesetz und alles, was die Propheten gesagt haben, ist in diesen zwei Gesetzen zusammengefasst.« Matthäus 22,36-40

DAS SOZIALE GESETZ

SO SOLL DAS VOLK ISRAEL LEBEN

2. Mose 21,1-23,19

DER UMGANG MIT SKLAVEN

Wenn sie sechs Jahre gearbeitet hatten, sollten sie freigelassen werden.

DER UMGANG MIT EIGENTUM

Wenn Ochse, Esel oder Schaf gestohlen wurden, musste das Tier zurückgegeben werden und ein weiteres dazu – so bekam man den Wert des gestohlenen Tieres doppelt zurück.

DER UMGANG MIT WITWEN UND WAISEN

Gott zeigte seine Barmherzigkeit mit den Schutzlosen seines Volkes, indem er harte Strafen für Verbrechen an Witwen oder Waisen festlegte.

FEST- UND FEIERTAGE

Gott legte Feiertage für das Volk Israel fest, darunter auch die drei folgenden:

- **Das Fest der ungesäuerten Brote** — um Israels Befreiung aus der Sklaverei in Ägypten zu feiern.
- **Das Erntefest (oder das Fest der Erstlingsfrüchte)** — um den Beginn der Weizenernte zu begehen.
- **Das Fest der Sammlung (später Pfingsten)** — um das Ende der Weizenernte zu feiern.

VORSCHRIFTEN FÜR DEN GOTTESDIENST

WIE ISRAEL GOTT BEGEGNEN SOLLTE

2. Mose 25-30

GOTTES HINWEISE ZUR GESUNDHEIT

Gott stellte Regeln für die Gesundheit auf. Einige dieser Richtlinien waren ihrer Zeit weit voraus und sind auch aus Sicht der heutigen Medizin noch sinnvoll.

KEIME UND ERREGER

3. Mose 15,13

Gott erklärte, die Israeliten sollten Quellwasser (das einzige frische Wasser damals) benutzen, um Keime auszuspülen. 1845 fand ein Arzt heraus, dass die Sterberate von Wöchnerinnen von 30% auf 2% sank, als die Ärzte ihre Hände mit frischem Wasser wuschen, anstatt ihre Hände in einem gemeinsam benutzten Becken abzuspülen.

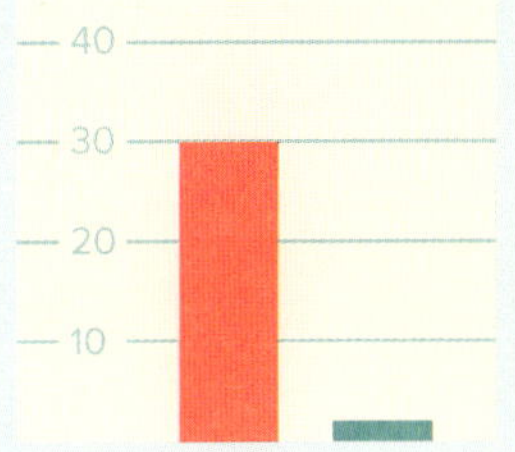

GESUNDE ERNÄHRUNG

3. Mose 11

Einige Tiere durften die Israeliten nicht verzehren: Schweine, Kamele, Meerestiere ohne Schuppen und Flossen, Greifvögel, fliegende Insekten mit vier Beinen, Wiesel, Eidechsen, Ratten und Fledermäuse. Da war Gott wohl etwas kleinlich. Nein! Heute wissen wir, dass genau diese Tiere mitunter Überträger von Krankheiten sind.

MEDIZINISCHE QUARANTÄNE

3. Mose 13,45-46

Lange bevor die Medizin Menschen unter Quarantäne stellte, hatte Gott seinem Volk den Hinweis gegeben, dass alle, die eine ansteckende Krankheit hatten, so lange vom Rest des Volkes isoliert werden sollten, bis sie wieder gesund waren.

UMWELTSCHUTZ

3. Mose 23,22 und 25,4-5

Gott befahl, dass die Bauern einzelne Körner während der Ernte liegen und einen Streifen der Ähren am Rande der Felder stehen lassen sollten. Außerdem sollten die Israeliten ihr Land alle sieben Jahre »ruhen« lassen (und ein Jahr lang nichts darauf anbauen). Damit hatte Gott etwas sehr Wichtiges im Sinn:

1) Die stehen gelassene Nachlese war eine Möglichkeit für die Armen, kostenlos an Nahrungsmittel zu kommen.
2) Der Seitenstreifen auf den Feldern erschwerte die Erosion des Ackerbodens durch den Wind.
3) Die Minerale im Boden wurden geschont.

Nachlese, die *(Substantiv):* Getreide oder Ähnliches, das bei der Ernte stehen gelassen wird.

TIEROPFER

2. Mose 29,36

Das Gesetz verlangte die **Wiedergutmachung von Schuld** durch ein Tieropfer. Einzig durch ein **blutiges Opfer** konnten die Juden damals für ihre Schuld büßen.

büßen *(Verb):* etwas wieder in Ordnung bringen oder jdn. entschädigen

opfern *(Verb):* etwas Kostbares aus einem bestimmten Grund aufgeben

JESUS WURDE DAS ULTIMATIVE OPFER FÜR ALL UNSERE SCHULD

Die letzten Worte von Jesus, bevor er starb, waren: »Es ist vollbracht« (Johannes 19,30). Das bedeutet: Als Jesus am Kreuz starb, bezahlte er damit die volle Strafe für all unsere Schuld, die aus der Vergangenheit, der Gegenwart und der Zukunft. **Deswegen brauchen wir nicht länger Tieropfer zu bringen.**

Denn Gott hat Christus, der ohne jede Sünde war, mit all unserer Schuld beladen und verurteilt, damit wir freigesprochen sind und vor ihm bestehen können.

2. Korinther 5,21

WELCHE BEDEUTUNG HAT EIGENTLICH

Gott wohnt bei seinem Volk

Gott wollte schon **immer** bei den Menschen sein.

GOTT BEI DEN MENSCHEN

Als Adam und Eva Gott ungehorsam waren, **wurden sie aus dem Garten und aus Gottes Gegenwart verbannt.** Deswegen leben wir jetzt ohne direkten Kontakt mit Gott.
1. Mose 3,23

SÜNDE

GOTTES GEGENWART NUR DURCH TIEROPFER

Durch das Opfer von Jesus können wir nun immer in Gottes Gegenwart sein, ohne dass wir erst ein Tieropfer bringen oder in ein bestimmtes Gebäude gehen müssen.

JESUS

GOTT FÜR IMMER BEI DEN MENSCHEN

»Hier wird Gott mitten unter den Menschen sein! **Er wird bei ihnen wohnen** und sie werden sein Volk sein. Ja, von nun an wird Gott selbst in ihrer Mitte leben.«
Offenbarung 21,3

DER GARTEN EDEN 1. Mose 2-3

Gott selbst ist mit Adam und Eva durch den Garten Eden gegangen.

Dort gab es Gold und Edelsteine.

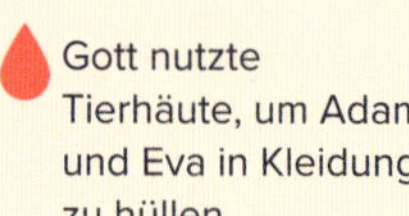
Gott nutzte Tierhäute, um Adam und Eva in Kleidung zu hüllen.

Gott stellte Cherubinen (Engel) mit einem flammenden Schwert am Ostende des Gartens auf, um den Weg zum Baum des Lebens zu bewachen.

DIE STIFTSHÜTTE 2. Mose 25, 29 und 37

Gott ließ die Israeliten eine **vorübergehende mobile Behausung** errichten, an der sie ihm begegnen konnten.

Gold und Edelsteine zierten die Stiftshütte.

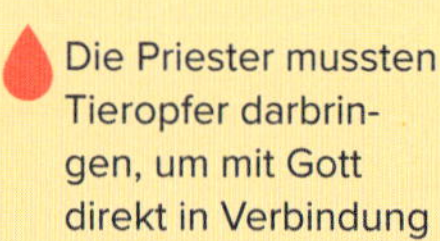
Die Priester mussten Tieropfer darbringen, um mit Gott direkt in Verbindung zu treten.

Da, wo sich Gottes Anwesenheit zeigte, waren Cherub-Statuen auf der Bundeslade angebracht.

DER TEMPEL 1. Könige 6,11-13

Den weisen König Salomo ließ Gott ein **festes und prachtvolles Gebäude** errichten. Dieser Tempel war den Juden sehr wichtig und ist es bis heute.

Gold und Edelsteine schmückten den wunderschönen Tempel.

Die Priester konnten nur durch Tieropfer in Gottes Gegenwart eintreten.

Im Bereich des Allerheiligsten waren Cherub-Statuen aufgestellt.

JESUS Johannes 1,14

Jesus war wie die Stiftshütte – **in ihm wohnte Gott unter den Menschen.**
In Jesus war Gott bei seinen Menschen, so wie er im Garten Eden bei Adam und Eva gewesen war.

Jesus ist der kostbarste Edelstein überhaupt – der Eckstein unseres Glaubens.
1. Petrus 2,4-6

Jesus ist Gottes Opferlamm, dessen Tod unsere Schuld bedeckt.
Offenbarung 5,9

Engel verkündigten die Geburt und Auferstehung von Jesus.

DIE GEMEINDE Epheser 2,21-22

Heute ist die Gemeinde Gottes Tempel, **weil Gottes Heiliger Geist in jedem Menschen lebt.**

DAS NEUE JERUSALEM Offenbarung 21

Wenn Jesus wiederkommt, wird er eine neue Erde und ein neues Jerusalem erschaffen, **in dem wir mit ihm leben können.**

Die Straßen sind mit Gold gepflastert und die Tore und Fundamente sind aus Edelsteinen gebaut.

Engel sind im Thronsaal Gottes und werden die Wiederkunft Jesu ankündigen.

DIE STIFTSHÜTTE?

Gott wohnt beim Volk Israel

Stiftshütte, die *(Substantiv)*: Ein tragbares Gotteshaus für das Volk Israel während der Wüstenwanderung und danach.

HEILIGTUM

LEUCHTER
(eine Menora)

7 ARME
symbolisieren wie Zweige den Baum des Lebens aus dem Garten Eden und im neuen Jerusalem

FEUER steht für Gottes Gegenwart

SCHAUBROTE
12 Brotlaibe stehen für die 12 Stämme Israels

TISCH mit Gold überzogen

ALLERHEILIGSTES

BUNDESLADE

VORHANG zerriss, als Jesus starb.

VORHOF

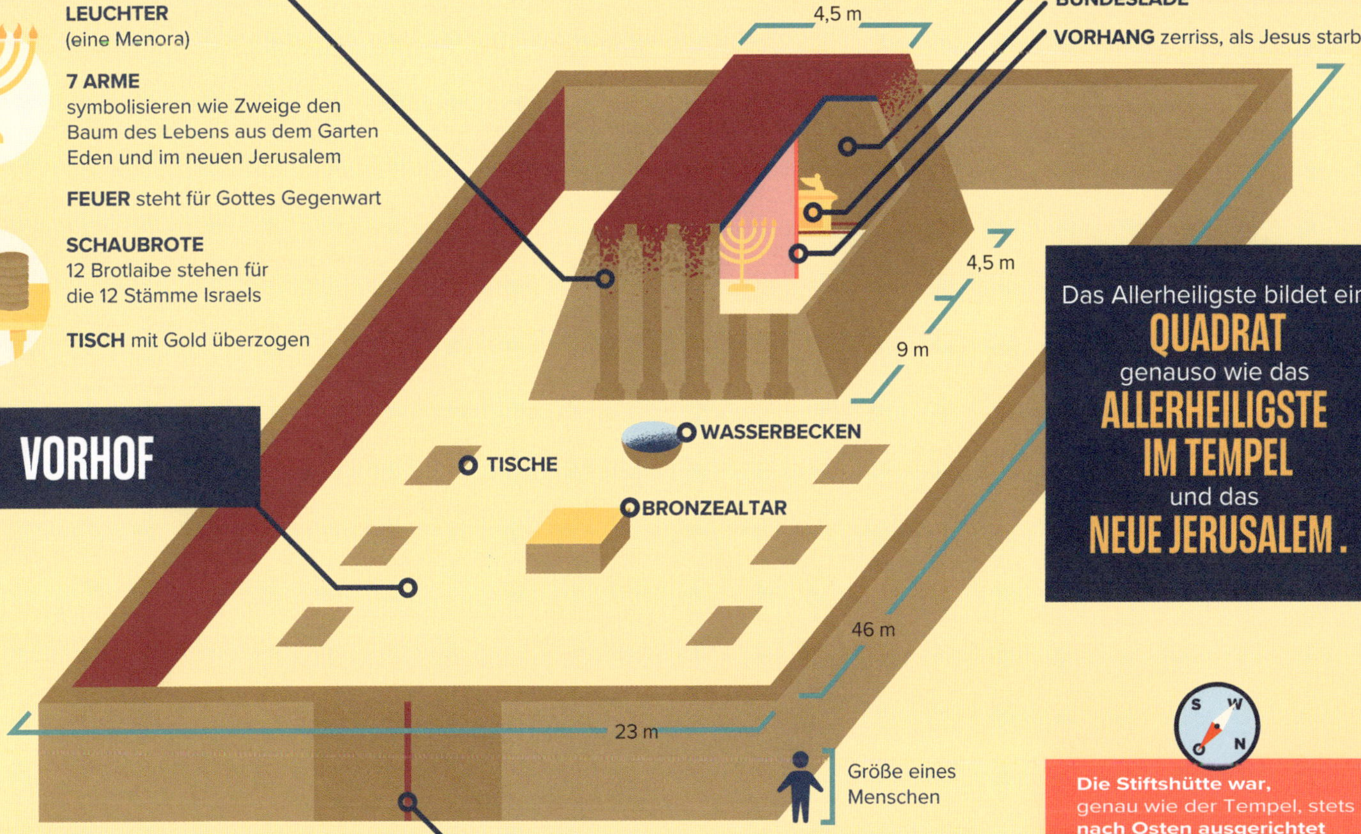

4,5 m

4,5 m

9 m

46 m

23 m

WASSERBECKEN

TISCHE

BRONZEALTAR

EINGANG

Größe eines Menschen

Das Allerheiligste bildet ein **QUADRAT** genauso wie das **ALLERHEILIGSTE IM TEMPEL** und das **NEUE JERUSALEM.**

S W N

Die Stiftshütte war, genau wie der Tempel, stets **nach Osten ausgerichtet** in Richtung des Gartens Eden.

DIE BUNDESLADE

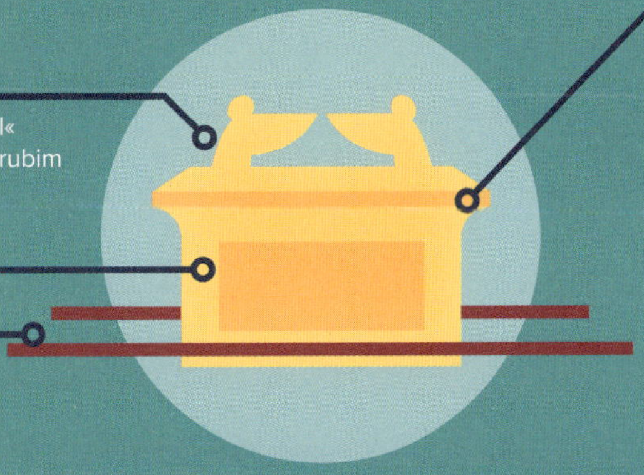

GNADENSTUHL
Der Deckel der Bundeslade wurde auch »Gnadenstuhl« genannt. Er war vergoldet und mit zwei goldenen Cherubim verziert. Beim Opfern wurden diese mit Blutstropfen besprengt. Dort zeigte sich die Anwesenheit Gottes.

HOLZ MIT GOLD ÜBERZOGEN

TRAGESTANGEN
Die Lade war mobil – Gott ist nicht an einen Ort gebunden. Er zog damals mit den Israeliten.

IN DER BUNDESLADE

DIE ZEHN GEBOTE
Das Fundament des Bundes zwischen Gott und dem Volk Israel.

EIN GEFÄSS MIT MANNA
Eine Erinnerung an Gottes Treue. Er sorgte gut für sein Volk.

AARONS STAB
Dass sein Hirtenstab Blüten trieb, war ein Zeichen dafür, dass Gott Aaron als Hohenpriester eingesetzt hatte.

SELTSAME UND UNGLAUBLICHE

Krass, aber wahr

GELD AUS EINEM FISCH

Matthäus 17,27

Jesus schickt Petrus zum Fischen und sagt ihm voraus, dass **DER ERSTE FISCH, DEN ER FÄNGT,** ein Geldstück im Maul hat. Das soll er nehmen und die Tempelsteuer bezahlen.

EIN ESEL SPRICHT KLARTEXT

4. Mose 22,21-35

Als Bileam Gott nicht gehorsam ist, verstellt ihm ein Engel des Herrn den Weg: Aber nur Bileams Esel sieht den Engel. Bileam will das Tier zum Weitergehen zwingen und schlägt es – bis **GOTT DEN ESEL SPRECHEN LÄSST!** Da kann auch Bileam den Engel sehen – und sieht ein, dass er den falschen Weg eingeschlagen hat.

ELISA WIRD GEMOBBT

2. Könige 2,23-24

Einige junge Leute machen sich über Elisas Glatze lustig. Als Elisa sie **VERFLUCHT,** erscheinen plötzlich zwei Bären aus einem nahen Wald und verschlingen 42 der Spötter.

FISCH MIT RING

2002 fing ein Mann einen Schwertfisch, steckte dem Tier seinen Ehering an die Nase und ließ es wieder frei. Unglaublich, aber **DREI JAHRE SPÄTER** fing er genau denselben Fisch – und der hatte immer noch den Ring an der Nase!

ESEL ÜBER ESEL

Esel werden in der Bibel **102-MAL** erwähnt.

Mit einem ESELSKIEFER werden 1.000 Männer erschlagen.
Richter 15,15-16

Wahrscheinlich sind Maria und Josef **AUF EINEM ESEL** nach Bethlehem geritten.
Lukas 2,4-5

JESUS RITT auf einem Esel nach Jerusalem.
Matthäus 21,1-11

MOBBINGOPFER?

Die jungen Leute, die sich über Elisa lusti machten, wussten genau, was sie taten. I der Gruppe von mindestens 42 Personer fühlten sie sich stark, als sie sich Elisa als Mobbingopfer aussuchten. So etwas ist nicht in Ordnung. **GOTT STELLTE SICH AUF ELISAS SEITE.**

GESCHICHTEN DER BIBEL

Manchmal ist die Wahrheit seltsamer als erfundene Geschichten – auch in der Bibel.

JESUS UND DER FEIGENBAUM

Matthäus 21,18-19 und Markus 11,12-14

Als Jesus an einem Feigenbaum vorbeikommt, der zwar Blätter hat, aber keine Früchte trägt, verflucht er ihn. Der Baum vertrocknet *sofort*. Normalerweise vertrocknen Bäume innerhalb von **WOCHEN ODER SOGAR MONATEN.**

DAS SOLL DIR EINE LEHRE SEIN, DU FEIGENBAUM

Genau wie der Feigenbaum brachten auch die religiösen Führer zur Zeit von Jesus keine **GEISTLICHEN FRÜCHTE** hervor: Liebe, Freude, Frieden, Geduld, Freundlichkeit, Güte, Treue, Nachsicht und Selbstbeherrschung.

JAKOB RINGT MIT GOTT

1. Mose 32,23-32

Jakob ringt eine ganze Nacht lang mit einem mysteriösen Mann, bis der Fremde Jakob einen Schlag auf die Hüfte verpasst und ihn verletzt. Jakob lässt erst dann von dem Kampf ab, als der Fremde ihm verspricht, Jakob zu segnen. Dabei erhält Jakob auch einen neuen Namen – Israel –, weil er **MIT GOTT GERUNGEN** und ihn **ÜBERWÄLTIGT** hat.

NIEMAND KANN GOTT DAS WASSER REICHEN

ELISAS ZAUBERKNOCHEN?

2. Könige 13,21

Eine Weile nach Elisas Tod beerdigte man einen Mann in demselben Dorf. Als die Leute merkten, dass eine Räuberbande im Anmarsch war, gerieten sie in Panik und warfen den Toten kurzerhand in Elisas Grab. Sobald der Leichnam Elisas Knochen berührte, **WURDE DER MANN WIEDER LEBENDIG.** Das war ein Wunder Gottes!

KNOCHEN IN DER BIBEL

In der kompletten Bibel gibt es **33 VERSE** über Knochen.

Hesekiel hat eine **VISION,** in der Knochen wieder zum Leben erwachen und eine Armee bilden.

Hesekiel 37,1-14

Jesus **ERFÜLLTE DIE PROPHEZEIUNG,** dass bei seinem Tod keiner seiner Knochen gebrochen würde.

Johannes 19,31-36

WIR PRÄSENTIEREN:

DIE UNGEWÖHNLICHSTEN MENSCHEN DER BIBEL

DEBORA

EINZIGE WEIBLICHE RICHTERIN

Sie verhalf dem Heerführer Barak zum **Sieg gegen den General Sisera,** mithilfe von etwas Milch, einem Zeltpflock und der Unterstützung einer Frau namens Jael. Zudem war Debora eine Prophetin und bestand stets darauf, dass Gottes Wille geschah, nicht ihrer.

Richter 4

METUSALEM

ÄLTESTER MENSCH

Er war Noahs Großvater und **lebte 969 Jahre.** Zur Zeit hält die Französin Jeanne Louise Calment den Rekord als ältester Mensch. Sie wurde 122 Jahre und 164 Tage alt.

1. Mose 5,27

LOTS FRAU

EINZIGE PERSON, DIE ZUR SALZSÄULE ERSTARRT

Als Gott Feuer und Schwefel auf Sodom und Gomorra regnen ließ, **drehte sich Lots Frau** noch einmal **um**. Das hätte sie besser bleiben lassen.

1. Mose 19,26

ESAU

BABY MIT EXTREMER KÖRPERBEHAARUNG

Esau war der Sohn von Isaak und Rebekka und der Zwillingsbruder von Jakob. Bei seiner Geburt war sein Körper so behaart, **dass seine Haut wie ein Mantel aus Fell aussah.**

1. Mose 25,25

MAHER-SCHALAL-HASCH-BAS

LÄNGSTER NAME

So nannte der Prophet Jesaja seinen Sohn. Der Name bedeutet **»Schnelle Beute, rascher Raub«**. Mit diesem Namen wurde die Plünderung von Samaria und Damaskus durch den König von Assyrien vorhergesagt.

Jesaja 8,1-4

EHUD

NINJA-FÄHIGKEITEN

Dieser listige Richter tötete den schrecklichen König Eglon von Moab. Dafür schmiedete er sich ein eigenes Schwert und **schmuggelte es** unter seinem Mantel **in die Privatgemächer des Königs.** Später floh er aus den Gemächern des Königs und verschloss die Tür hinter sich. Das verschaffte ihm einen erheblichen Vorsprung für seine Flucht. Er hatte beinahe schon Ninja-Fähigkeiten.

Richter 3,15-30

BILEAMS ESEL

EINZIGES TIER, DAS MIT EINEM MENSCHEN SPRICHT

Dieser Esel spricht für sich. Tatsächlich aber **sprach Gott durch ihn**, um Bileam zu warnen.

4. Mose 22,21-35

OG

GRÖSSTER MENSCH

Dieser König von Baschan hatte eine Körpergröße von **3 bis 4 Metern**.

5. Mose 3,11

OGS BETT

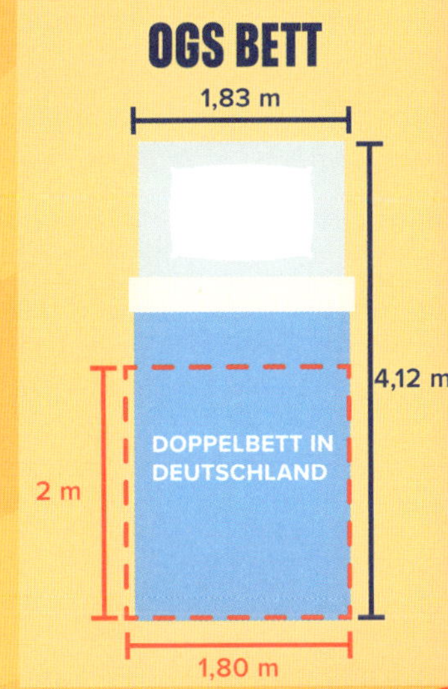

OG SCHLÄGT SIE ALLE

Og

Goliat // 2,97 m // Krieger der Philister

Robert Wadlow // 2,72 m // Weltrekord als größter Mann der Geschichte

Sultan Kösen // 2,52 m // aktuell der größte lebende Mensch der Welt

Dirk Nowitzki // 2,13 m // einer der besten Basketballspieler aller Zeiten

Deine Größe:

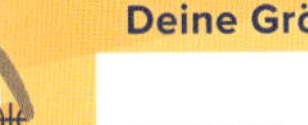

DAVID, DER ALLESKÖNNER

EIN MANN NACH DEM HERZEN GOTTES

SOHN

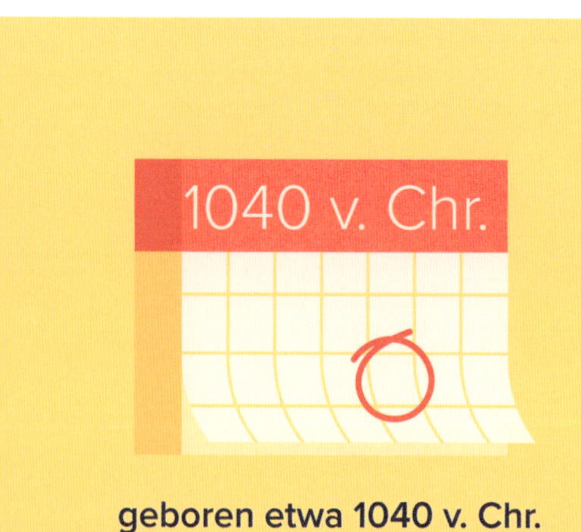

geboren etwa 1040 v. Chr.

der Jüngste von acht Söhnen

stammt aus Bethlehem (genau wie Jesus)

KRIEGER

Mit einer Steinschleuder kann ein Stein eine Geschwindigkeit von bis zu 100 km/h erreichen.

besiegte Goliat mit einer Steinschleuder
(dabei war er wahrscheinlich noch ein Teenager!)

bezwang die Jebusiter im Kampf um Jerusalem
2. Samuel 5

vereinte den Norden mit dem Süden des Königreichs Israel

KÖNIG

wurde von Samuel zum König gesalbt

regierte 40 Jahre lang
(als er den Thron bestieg, war er 30)
2. Samuel 5,4

erhielt von Gott das Versprechen, dass sein Königreich für immer bestehen würde
2. Samuel 7,1-16

spielte Harfe
(ein Saiteninstrument, geformt wie ein U)

MUSIKER

lobte Gott mit Liedern und Tanz
2. Samuel 6,14-15

verfasste etwa die Hälfte aller Psalmen

HIRTE

hütete die Schafe seines Vaters

GUT AUSSEHEND

rötliches Haar und sehr attraktiv
1. Samuel 16,12

FREUND

Sein bester Freund war der Sohn von König Saul.
1. Samuel 18,1-4

BERÜHMT

Alles, was er tat, gelang ihm.

beliebt in Israel und Juda

wird über 1.100-mal in der Bibel erwähnt

EIN MANN NACH DEM HERZEN GOTTES

brachte die Bundeslade nach Jerusalem
2. Samuel 6

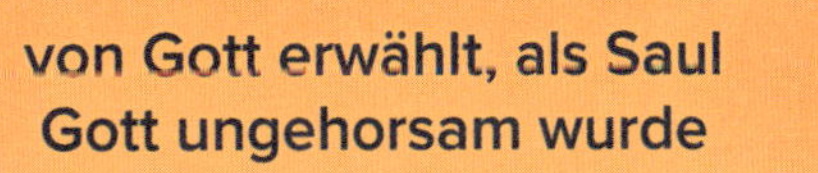

von Gott erwählt, als Saul Gott ungehorsam wurde
(Saul versuchte mehrmals David umzubringen.)

ein Mann, an dem Gott seine Freude hatte
1. Samuel 13,14

Obwohl David bei Weitem nicht vollkommen war, sagte Gott über ihn: **»Ich habe David gefunden, einen Mann, der mir Freude macht«** (Apostelgeschichte 13,22). Warum das? **Weil David seine Fehler immer wieder eingesehen und Gott um Vergebung gebeten hat** (Psalm 51).

Psalm, der *(Substantiv)*:
ein Lied oder ein Choral, für den Lobpreis Gottes geschrieben

PSALMEN UND LOBPREIS FÜR GOTT …

EINTAUCHEN IN DAS BUCH DER PSALMEN

Psalm 117 hat nur 2 Verse und ist somit das **kürzeste Kapitel** der ganzen Bibel.

Zugleich ist Psalm 117 in den meisten Bibelausgaben genau die **Mitte der Bibel**.

Psalm 119 hat 176 Verse und ist somit das **längste Kapitel** der Bibel.

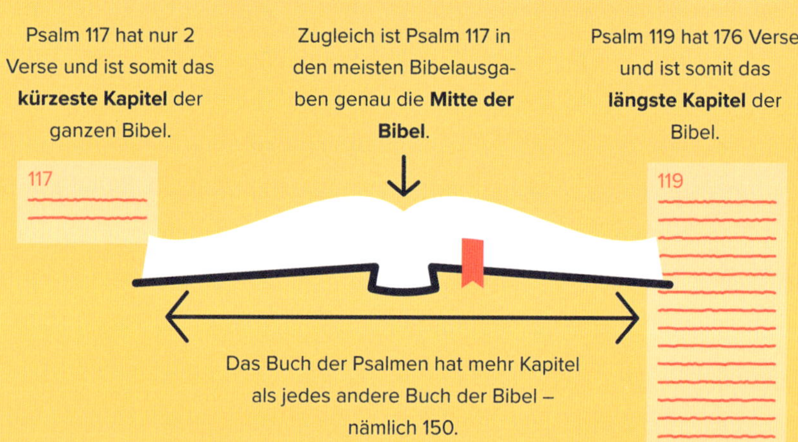

Das Buch der Psalmen hat mehr Kapitel als jedes andere Buch der Bibel – nämlich 150.

WER HAT DIE PSALMEN GESCHRIEBEN?

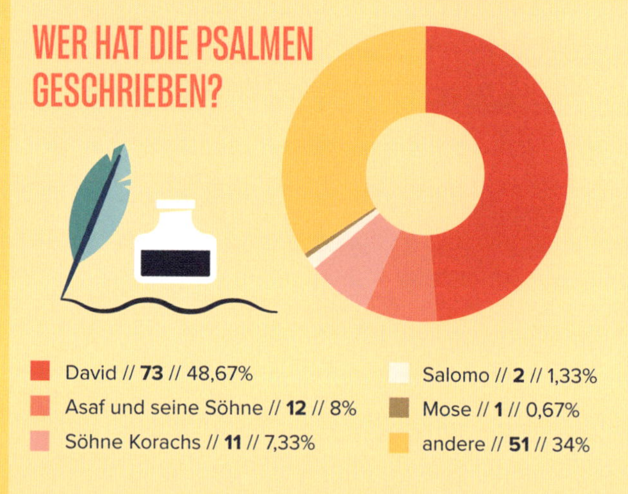

- David // **73** // 48,67%
- Asaf und seine Söhne // **12** // 8%
- Söhne Korachs // **11** // 7,33%
- Salomo // **2** // 1,33%
- Mose // **1** // 0,67%
- andere // **51** // 34%

KENNST DU DIE MELODIE?

Manche moderne Lobpreislieder basieren auf den Psalmen. Hast du diese Verse schon einmal gesungen?

»Lobe den Herrn, meine Seele, und seinen heiligen Namen. Was er dir Gutes getan hat, Seele, vergiss es nicht, Amen.«

Psalm 103,1-2 LUT

»Wie ein Hirsch lechzt nach frischem Wasser, so sehn' ich mich, Herr, nach dir. Aus der Tiefe meines Herzens bete ich dich an, o Herr.«

Psalm 42,2-3 LUT

»Halleluja! Lobet Gott in seinem Heiligtum, lobet ihn in der Feste seiner Macht! Alles, was Odem hat, lobe den Herrn! Halleluja!«

Psalm 150 LUT

MUSIKINSTRUMENTE IN DEN PSALMEN

PSALMEN UND SPRÜCHE TOP 10

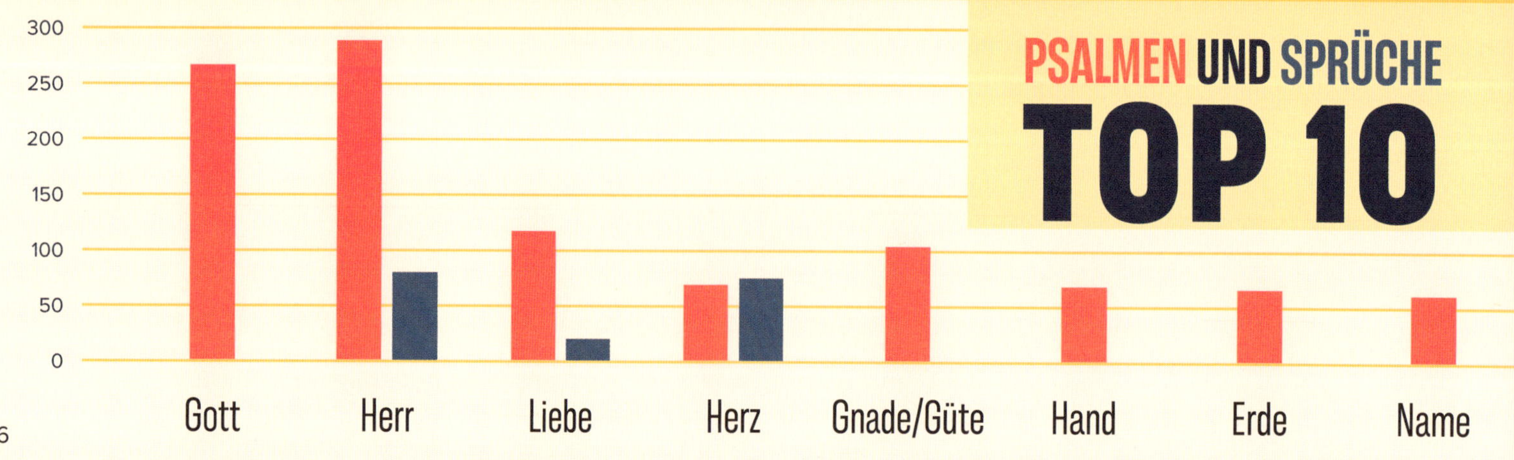

SPRÜCHE

… WEISHEIT FÜR UNS

Sprichwort, das *(Substantiv)*: ein kurz formulierter Spruch, um sich eine besondere Wahrheit oder einen Ratschlag leichter merken zu können

WISSENSWERTES AUS DEM BUCH DER SPRÜCHE

Der größte Teil der Sprüche stammt von Salomo, einem Sohn Davids. Er war der dritte König über Israel. Man betrachtete ihn als den **weisesten Menschen**, der jemals gelebt hat.

Andere Autoren waren …
Agur, der Sohn von Jake
Lemuel (vielleicht ein anderer Name für Salomo), möglicherweise einer der Berater Salomos

ERKENNE DAS SPRICHWORT

Diese bekannten Sprichwörter sind dem Buch der Sprüche entnommen:

Eisen schleift Eisen
Sprüche 27,17

so scharf wie ein zweischneidiges Schwert
Sprüche 5,4

ein schweres Herz haben
Sprüche 25,20 NLB

Hochmut kommt vor dem Fall
Sprüche 16,18

wie Schnee im Sommer
Sprüche 26,1

ANDERE SPRICHWÖRTER, DIE AUF DER BIBEL BASIEREN

wie ein Tropfen im Eimer
Jesaja 40,15

Wirf deine Perlen nicht vor die Säue. Matthäus 7,6

mit dem nackten Leben davonkommen Hiob 19,20 LUT

die Extrameile gehen
Matthäus 5,41

Die **PSALMEN** und **SPRÜCHE** enthalten zusammen Tausende von Wörtern. Sieht man sich die **10 MEISTBENUTZTEN WÖRTER** jedes Buches an, erkennt man, dass die **PSALMEN** besonders das Lob Gottes im Blick haben, während die **SPRÜCHE** Weisheiten und Ratschläge enthalten.

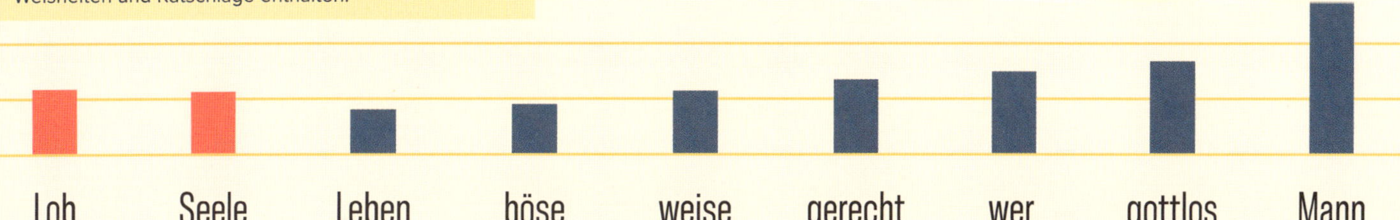

DAS BUCH DANIEL

DER DEMÜTIGE WIRD ERHÖHT

GOTT **EHRT** DIE BESCHEIDENEN

Gemüse und Wasser

Daniel 1

Daniel und seine Freunde **weisen das leckere Essen und den Wein des Königs zurück,** um Gott gehorsam zu sein. Stattdessen fragen sie nach Gemüse und Wasser.

GEHORSAM

von Gott ERHÖHT

Nach 10 Tagen sind sie **stärker und gesünder** als ihre Kameraden, die sich vom königlichen Essen ernähren. König Nebukadnezar respektiert sie dafür.

Feuerofen

Daniel 3

Schadrach, Meschach und Abed-Nego **verweigern sich dem Befehl des Königs** und verneigen sich nicht vor einer goldenen Statue. Deswegen wirft man sie in einen Feuerofen.

GEHORSAM

von Gott BESCHÜTZT

Gott beschützt sie im Ofen. Das Feuer kann ihnen nichts anhaben. Der König ist tief beeindruckt von Gottes Macht. Die drei Freunde werden sogar befördert!

Löwengrube

Daniel 6

Daniel hört nicht auf, **Gott anzubeten,** obwohl der König das ausdrücklich verboten hat. Zur Strafe wird Daniel in eine Löwengrube geworfen, um bei lebendigem Leibe gefressen zu werden.

GEHORSAM

von Gott BESCHÜTZ

Am nächsten Tag wird Daniel **unversehrt** aus der Löwengrube gezogen und der König verabschiedet ein neues Gesetz. Alle Menschen sollen nun Daniels Gott anbeten. Daniel wird ein angesehener Mann.

Teenager im Training

Daniel ist wahrscheinlich erst 15, als er und seine Freunde Schadrach, Meschach und Abed-Nego nach Babylon kommen (das war etwa 605 v. Chr.).

Manche mögen's heiß

König Nebukadnezar war so wütend auf Daniel und seine Freunde, dass er den Feuerofen **siebenmal stärker als gewöhnlich** anheizen ließ. Wenn man das umrechnet, war der Ofen damals etwa 6.100°C heiß – das ist etwa 600°C heißer als die Oberfläche der Sonne!

Rau wie Schmirgelpapier

Wenn dir ein Löwe nur ein paarmal mit der Zunge über den Handrücken lecken würde, hättest du dort **keine Haut mehr**! Weil die Zunge eines Löwen so rau ist.

bescheiden *(Adjektiv):* **genügsam,** sich nicht in den Vordergrund stellend

erhöht *(Adjektiv):* in eine **höhere** Position gebracht

DIE ÜBERHEBLICHEN WERDEN VON GOTT **HERABGESETZT**

Nebukadnezars Traum von einem Baum

Daniel 4

Nebukadnezar ist sehr **stolz auf** seine **Macht**, seine **Herrlichkeit** und sein **Ansehen**, selbst als Gott ihn vor seinem Stolz warnt.

ERHÖHT sich selbst

von Gott ERNIEDRIGT

Der König weigert sich, seinen Denkfehler einzusehen. Deswegen wird ihm **seine Macht genommen**. Sieben Jahre lang lebt er mit wilden Tieren zusammen.

Belsazars Vision von der Schrift an der Wand

Daniel 5

König Belsazar wird gewarnt. Seine Tage als König sind gezählt, weil er **Gott ungehorsam** ist.

ERHÖHT sich selbst

von Gott ERNIEDRIGT

Noch in derselben Nacht **stirbt** Belsazar. Er hat aus den Fehlern seines Großvaters Nebukadnezar nichts gelernt.

Nebukadnezars Traum von der Statue

Daniel 2

Daniel deutet den Traum des Königs als eine Zukunftsvision. Darin wird deutlich, wie alle Königreiche der Welt sich letztlich vor Gott **beugen** müssen und Gottes Reich allein Bestand haben wird.

Gott belohnt die Bescheidenen

Nach diesen sieben Jahren sieht Nebukadnezar zum Himmel auf und **gibt Gott die Ehre.**

ERNIEDRIGT sich selbst

von Gott ERHÖHT

Er **bekommt seinen Thron zurück** und ist mächtiger als zuvor.

Schon gewusst?

Die mysteriöse Hand schrieb »Mene mene tekel u-parsin« (»Gott hat die Tage deiner Herrschaft gezählt und an ein Ziel gebracht«). Daher sagt man heute noch: »Es ist so klar wie ein **Menetekel an der Wand.**«

Die leise Macht der Bescheidenheit

Das Buch Daniel zeigt, wie Gott uns gebrauchen kann, wenn wir bereit sind, uns ihm zur Verfügung zu stellen.

GOTTES ATEMBERAUBENDE WUNDER

Beim Baden im schlammigen Jordan wird **NAAMAN VOM AUSSATZ GEHEILT.**
2. Könige 5,1-14

ELISA lässt die **EISENKLINGE** einer **AXT** auf dem Wasser **SCHWIMMEN.**
2. Könige 6,5-7

JESUS GEHT AUF DEM WASSER.
Matthäus 14,22-33

JONA überlebt drei Tage **IM BAUCH EINES GROSSEN FISCHES**
Jona 2

Zu der Zeit, als Jona lebte, wurden alle Meereslebewesen als Fische bezeichnet. Rechts siehst du die Tierarten, die einen erwachsenen Mann verschlingen können.

Gott lässt **DIE SONNE** einen ganzen Tag lang **NICHT UNTERGEHEN,** sodass **JOSUA** und seine Armee **EINE SCHLACHT GEWINNEN.**
Josua 10,12-14

ELIA wird von einem **FEURIGEN WAGEN** in den **HIMMEL** aufgenommen.
2. Könige 2,11

ELIA wird in der Wildnis **VON RABEN MIT BROT UND FLEISCH** versorgt.
1. Könige 17,1-6

Ein Mensch braucht durchschnittlich mindestens
1.500 KALORIEN AM TAG, UM ZU ÜBERLEBEN.
Das entspricht etwa ...

JESUS GIBT 5.000 MENSCHEN ZU ESSEN.
Matthäus 14,15-21

Bei diesem Wunder wurden nur die Männer gezählt. Tatsächlich waren es wohl etwa
25.000 MENSCHEN.

Wenn jede Person zwei Fische aß, versorgte Jesus die Menge mit insgesamt
50.000 FISCHEN.

Damals war ein Laib Brot viel kleiner als heute. Wenn jede Person drei Brote aß, versorgte Jesus die Menge mit insgesamt etwa
75.000 BROTEN.

DER STAMMBAUM VON JESUS

JESUS IST **Sohn Gottes, Menschensohn & Sohn Davids** ALLES GLEICHZEITIG ... **WIE KANN DAS SEIN?**

DURCH MARIA
LUKAS 1,26-38

DURCH JOSEF
MATTHÄUS 1,1-17

ADAM

Der erste Mensch

Set
Enosch
Kenan
Mahalalel
Jered
Henoch
Metusalem
Lamech

NOAH

2948-1998 v. Chr.

Noah und seine Familie waren die einzigen Menschen, die die große Flut überlebten.

Sem
Arpachschad
Kenan
Schelach
Eber
Peleg
Regu
Serug
Nahor
Terach

ABRAHAM

1996-1821 v. Chr.

Gott versprach Abraham, dass durch seine Nachkommen alle Menschen der Erde gesegnet sein sollten.
1. Mose 22,18

ISAAK

Gott sagte zu Isaak, dass seine Nachkommen das von Gott auserwählte Volk sein sollten.
1. Mose 21,12

JAKOB

»Ein Stern steigt auf bei den Nachkommen von Jakob.«
4. Mose 24,17

JUDA und TAMAR

Dem Stamm Juda wird geweissagt, dass er das Zepter für immer in der Hand behalten wird.
1. Mose 49,10

Perez
Hezron
Arni
Admin
Amminadab
Nachschon
Salmon und Rahab
Boas und Ruth
Obed

ISAI

»Ein neuer Trieb wird aus der Wurzel von Isai hervorsprießen.«
Jesaja 11,1

REGELN FÜR NUR EINEN SPIELER

Folge dem Zeitstrahl OHNE WÜRFEL.

Gehe von EINEM FELD ZUM NÄCHSTEN und entdecke dabei die komplette Heilsgeschichte vom Anfang bis zum Ende.

REGELN FÜR MEHRERE SPIELER

 Jeder Spieler braucht einen KLEINEN GEGENSTAND als Spielfigur (etwa eine Münze oder einen Knopf).

 Der ÄLTESTE SPIELER beginnt.

 **WÜRFELE** und bewege dann deine Spielfigur um die entsprechende Augenzahl nach vorne.

 **NOTIERE DIE PUNKTE AUF JEDEM FELD.**

 Das Spiel endet, wenn alle Spieler im Ziel sind. GEWINNER ist, wer die MEISTEN PUNKTE hat.

Bereit? **LOS GEHT'S!**

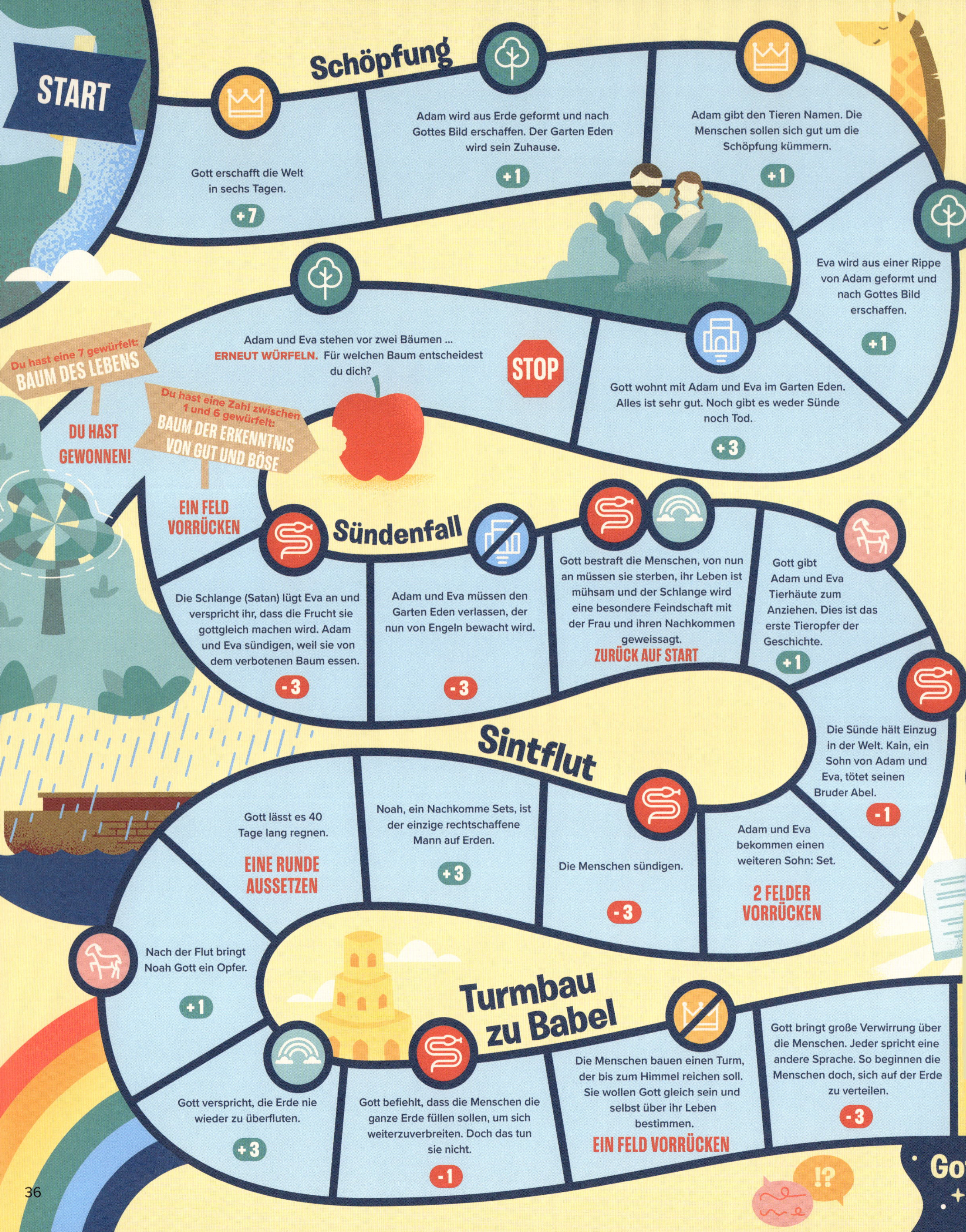
START
Schöpfung
Gott erschafft die Welt in sechs Tagen.
+7
Adam wird aus Erde geformt und nach Gottes Bild erschaffen. Der Garten Eden wird sein Zuhause.
+1
Adam gibt den Tieren Namen. Die Menschen sollen sich gut um die Schöpfung kümmern.
+1
Eva wird aus einer Rippe von Adam geformt und nach Gottes Bild erschaffen.
+1
Gott wohnt mit Adam und Eva im Garten Eden. Alles ist sehr gut. Noch gibt es weder Sünde noch Tod.
+3
STOP
Adam und Eva stehen vor zwei Bäumen … ERNEUT WÜRFELN. Für welchen Baum entscheidest du dich?
Du hast eine 7 gewürfelt: BAUM DES LEBENS
DU HAST GEWONNEN!
Du hast eine Zahl zwischen 1 und 6 gewürfelt: BAUM DER ERKENNTNIS VON GUT UND BÖSE
EIN FELD VORRÜCKEN
Sündenfall
Die Schlange (Satan) lügt Eva an und verspricht ihr, dass die Frucht sie gottgleich machen wird. Adam und Eva sündigen, weil sie von dem verbotenen Baum essen.
-3
Adam und Eva müssen den Garten Eden verlassen, der nun von Engeln bewacht wird.
-3
Gott bestraft die Menschen, von nun an müssen sie sterben, ihr Leben ist mühsam und der Schlange wird eine besondere Feindschaft mit der Frau und ihren Nachkommen geweissagt.
ZURÜCK AUF START
Gott gibt Adam und Eva Tierhäute zum Anziehen. Dies ist das erste Tieropfer der Geschichte.
+1
Die Sünde hält Einzug in der Welt. Kain, ein Sohn von Adam und Eva, tötet seinen Bruder Abel.
-1
Sintflut
Adam und Eva bekommen einen weiteren Sohn: Set.
2 FELDER VORRÜCKEN
Die Menschen sündigen.
-3
Noah, ein Nachkomme Sets, ist der einzige rechtschaffene Mann auf Erden.
+3
Gott lässt es 40 Tage lang regnen.
EINE RUNDE AUSSETZEN
Nach der Flut bringt Noah Gott ein Opfer.
+1
Gott verspricht, die Erde nie wieder zu überfluten.
+3
Turmbau zu Babel
Gott befiehlt, dass die Menschen die ganze Erde füllen sollen, um sich weiterzuverbreiten. Doch das tun sie nicht.
-1
Die Menschen bauen einen Turm, der bis zum Himmel reichen soll. Sie wollen Gott gleich sein und selbst über ihr Leben bestimmen.
EIN FELD VORRÜCKEN
Gott bringt große Verwirrung über die Menschen. Jeder spricht eine andere Sprache. So beginnen die Menschen doch, sich auf der Erde zu verteilen.
-3
!?
Go

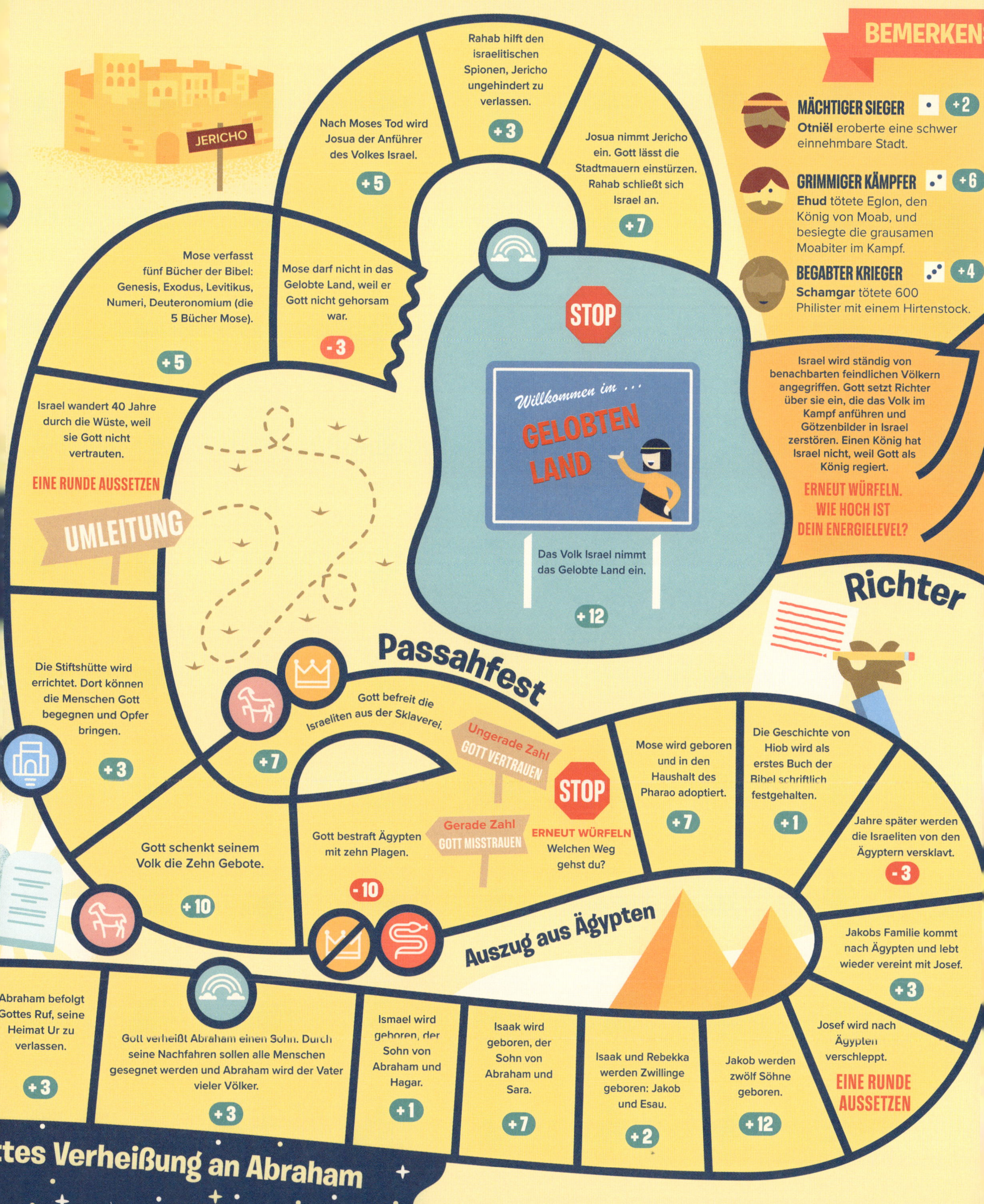

BEMERKENS
MÄCHTIGER SIEGER +2
Otniël eroberte eine schwer einnehmbare Stadt.
GRIMMIGER KÄMPFER +6
Ehud tötete Eglon, den König von Moab, und besiegte die grausamen Moabiter im Kampf.
BEGABTER KRIEGER +4
Schamgar tötete 600 Philister mit einem Hirtenstock.
JERICHO
Rahab hilft den israelitischen Spionen, Jericho ungehindert zu verlassen. +3
Nach Moses Tod wird Josua der Anführer des Volkes Israel. +5
Josua nimmt Jericho ein. Gott lässt die Stadtmauern einstürzen. Rahab schließt sich Israel an. +7
Mose verfasst fünf Bücher der Bibel: Genesis, Exodus, Levitikus, Numeri, Deuteronomium (die 5 Bücher Mose). +5
Mose darf nicht in das Gelobte Land, weil er Gott nicht gehorsam war. -3
STOP
Willkommen im ...
GELOBTEN LAND
Das Volk Israel nimmt das Gelobte Land ein. +12
Israel wird ständig von benachbarten feindlichen Völkern angegriffen. Gott setzt Richter über sie ein, die das Volk im Kampf anführen und Götzenbilder in Israel zerstören. Einen König hat Israel nicht, weil Gott als König regiert.
ERNEUT WÜRFELN. WIE HOCH IST DEIN ENERGIELEVEL?
Richter
Israel wandert 40 Jahre durch die Wüste, weil sie Gott nicht vertrauten.
EINE RUNDE AUSSETZEN
UMLEITUNG
Passahfest
Die Stiftshütte wird errichtet. Dort können die Menschen Gott begegnen und Opfer bringen. +3
Gott befreit die Israeliten aus der Sklaverei. +7
Ungerade Zahl GOTT VERTRAUEN
STOP
Gerade Zahl GOTT MISSTRAUEN
ERNEUT WÜRFELN
Welchen Weg gehst du?
Mose wird geboren und in den Haushalt des Pharao adoptiert. +7
Die Geschichte von Hiob wird als erstes Buch der Bibel schriftlich festgehalten. +1
Jahre später werden die Israeliten von den Ägyptern versklavt. -3
Gott schenkt seinem Volk die Zehn Gebote. +10
Gott bestraft Ägypten mit zehn Plagen. -10
Auszug aus Ägypten
Jakobs Familie kommt nach Ägypten und lebt wieder vereint mit Josef. +3
Abraham befolgt Gottes Ruf, seine Heimat Ur zu verlassen. +3
Gott verheißt Abraham einen Sohn. Durch seine Nachfahren sollen alle Menschen gesegnet werden und Abraham wird der Vater vieler Völker. +3
Ismael wird geboren, der Sohn von Abraham und Hagar. +1
Isaak wird geboren, der Sohn von Abraham und Sara. +7
Isaak und Rebekka werden Zwillinge geboren: Jakob und Esau. +2
Jakob werden zwölf Söhne geboren. +12
Josef wird nach Ägypten verschleppt.
EINE RUNDE AUSSETZEN
ttes Verheißung an Abraham

JOJACHIN

Geboren 615 oder 605 v. Chr.

Wurde von den Babyloniern entmachtet (586 oder 587 v. Chr.) und lebte von da an in Gefangenschaft.

Keiner seiner Nachfahren wird jemals wieder auf dem Thron sitzen. Jeremia 22,24-30

Das bedeutet, dass Jesus nach der Linie Josefs kein LEIBLICHER Nachfahre Davids sein kann.

Josias
Amon
Manasse
Hesekiel
Ahas
Jotham
Usia
Jehoram
Asa
Abija
Rehabeam

SALOMO

1010-931 v. Chr.

Salomos Thron wird für immer bestehen.
1. Chronik 22,9-10

DAVID und BATSEBA

1085-1015 v. Chr.

Davids Thron wird für immer bestehen.
2. Samuel 7,12-16

Schealtiel
Serubbabel
Abihud
Eliakim
Asor

Jakob
Matthan
Eleasar
Elihud
Akim
Zadok

JOSEF

Wegen der Weissagung gegen Jojachin kann kein LEIBLICHER Nachfahre von Josef auf Davids Thron sitzen. Doch Jesus ist nicht der LEIBLICHE Sohn von Josef, sondern nur ADOPTIERT.

Das GESETZMÄSSIGE Recht auf Davids Thron, das nur die Vorfahren väterlicherseits haben, ist durch Josef erfüllt.

GOTT HÄLT ALL SEINE VERHEISSUNGEN

Durch die Jungfrauengeburt hielt Gott sein Versprechen an David, dass der Messias ein Blutsverwandter von ihm sein würde, selbst wenn Josefs Seite des Stammbaums verflucht war. Von all diesen Männern und Frauen war keiner perfekt. Aber Gott gebrauchte sie dennoch, um uns einen Retter zu schenken, der ganz ohne Sünde war.

Nathan
Mattata
Menna
Melea
Eljakim
Jonam
Josef
Juda
Simeon
Levi
Mattat
Jorim
Eliëser
Joschua
Er
Elmadam
Kosam
Addi
Melchi
Neri

Schealtiël
Serubbabel
Resa
Johanan
Joda
Josech
Schimi
Mattitja
Mahat
Naggai
Hesli
Nahum
Amos
Mattitja
Josef
Jannai
Melchi
Levi
Mattat
Eli

MARIA

18 v. Chr. – 48 n. Chr.

»Die junge Frau wird schwanger werden und einen Sohn bekommen. Immanuel (Gott ist mit uns) wird sie ihn nennen.«
Jesaja 7,14

Jesus bekommt das PHYSISCHE Recht auf Davids Thron durch Maria.

JESUS

4 v. Chr. – 30 oder 33 n. Chr.

JESUS IST DER SOHN GOTTES,
durch die jungfräuliche Empfängnis erfüllt.
Lukas 1,34-35

JESUS IST DER MENSCHENSOHN
Er wurde als Mensch von Maria geboren.

JESUS IST EIN NACHKOMME DAVIDS
durch Josef.

DIE GEBURT EINES GANZ BESONDEREN BABYS!

WEIHNACHTEN UNTER DIE LUPE GENOMMEN

Matthäus 2; Lukas 2

DAS ERSTE KRIPPENSPIEL geht auf Franz von Assisi zurück, der **1223** dieses biblische Ereignis in einer Höhle nachstellte.

HIRTEN

- Die Hirten sind draußen auf dem Feld, als der Engel ihnen die gute Botschaft überbringt. Daher wird Jesus wahrscheinlich im **SPÄTSOMMER** oder im frühen Herbst geboren, nicht im Dezember.
- Sie besuchen das neugeborene Kind, das in einer Krippe liegt.

STALL

- Es wird vermutet, dass Jesus in einem Stall zur Welt kommt, da er in einer Futterkrippe liegt.
- Möglicherweise handelt es sich dabei um das Erdgeschoss eines Hauses, in dem normalerweise die Tiere untergebracht sind.

TIERE

- Weil Jesus in einen Futtertrog gelegt wird, ist es möglich, dass sogar Tiere in dem Stall sind.

KRIPPE

Krippe, die *(Substantiv)*: eine Mulde oder eine offene Kiste in einem Stall, in der Futter für die Tiere aufbewahrt wird.

- Die Krippe erinnert uns daran, dass Jesus unsere **GEISTLICHE NAHRUNG** ist (siehe auch Johannes 6,35).
- Wahrscheinlich besteht sie aus Lehm, gemischt mit Stroh, oder aus Steinen und Schlamm. Vielleicht ist es auch eine Mulde, die einfach in einen Felsen gehauen ist.

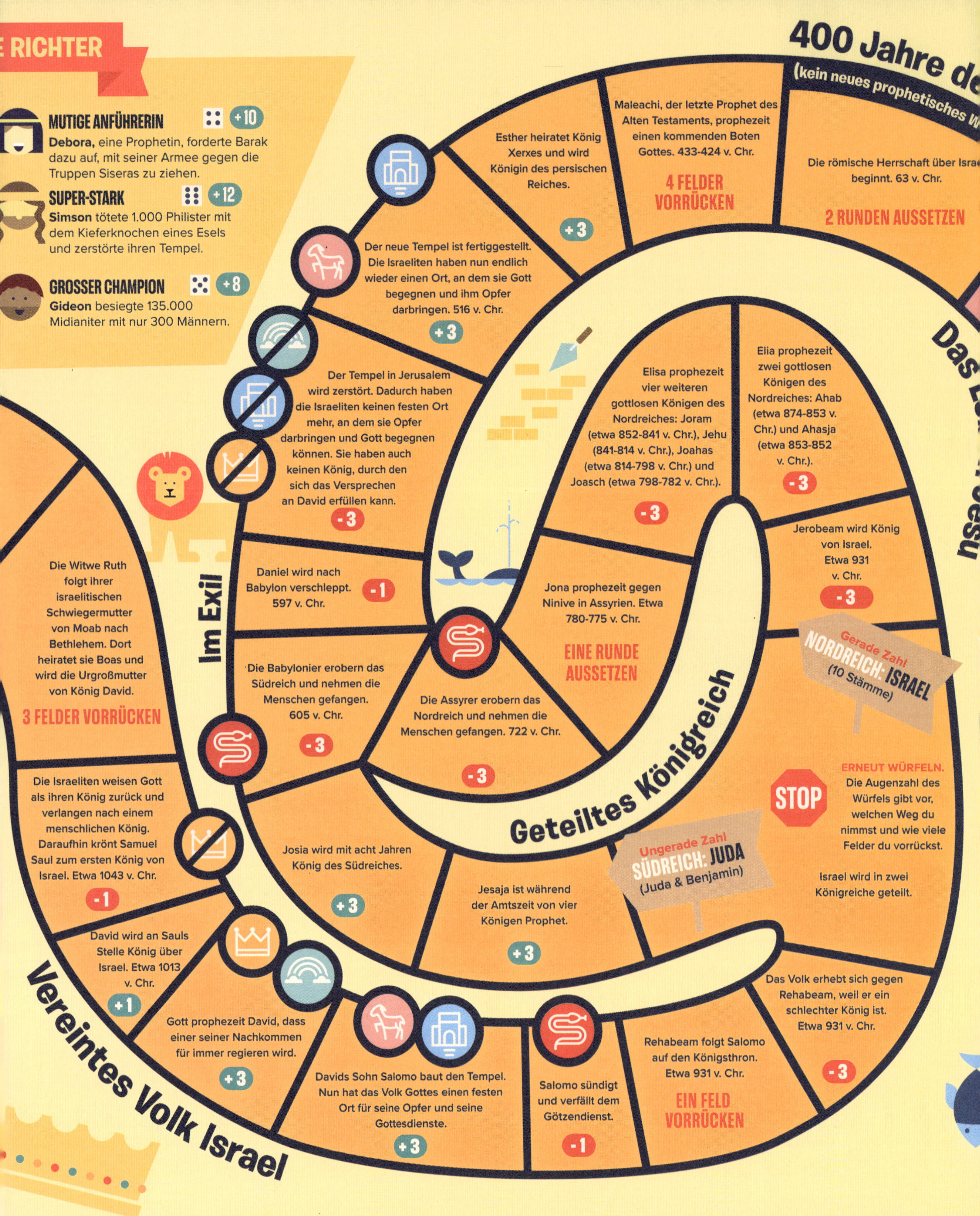
RICHTER
MUTIGE ANFÜHRERIN +10
Debora, eine Prophetin, forderte Barak dazu auf, mit seiner Armee gegen die Truppen Siseras zu ziehen.
SUPER-STARK +12
Simson tötete 1.000 Philister mit dem Kieferknochen eines Esels und zerstörte ihren Tempel.
GROSSER CHAMPION +8
Gideon besiegte 135.000 Midianiter mit nur 300 Männern.
400 Jahre de
(kein neues prophetisches W
Das
Vereintes Volk Israel
Die Witwe Ruth folgt ihrer israelitischen Schwiegermutter von Moab nach Bethlehem. Dort heiratet sie Boas und wird die Urgroßmutter von König David.
3 FELDER VORRÜCKEN
Die Israeliten weisen Gott als ihren König zurück und verlangen nach einem menschlichen König. Daraufhin krönt Samuel Saul zum ersten König von Israel. Etwa 1043 v. Chr.
-1
David wird an Sauls Stelle König über Israel. Etwa 1013 v. Chr.
+1
Gott prophezeit David, dass einer seiner Nachkommen für immer regieren wird.
+3
Davids Sohn Salomo baut den Tempel. Nun hat das Volk Gottes einen festen Ort für seine Opfer und seine Gottesdienste.
+3
Salomo sündigt und verfällt dem Götzendienst.
-1
Rehabeam folgt Salomo auf den Königsthron. Etwa 931 v. Chr.
EIN FELD VORRÜCKEN
Das Volk erhebt sich gegen Rehabeam, weil er ein schlechter König ist. Etwa 931 v. Chr.
-3
Israel wird in zwei Königreiche geteilt.
STOP
ERNEUT WÜRFELN.
Die Augenzahl des Würfels gibt vor, welchen Weg du nimmst und wie viele Felder du vorrückst.
Gerade Zahl
NORDREICH: ISRAEL
(10 Stämme)
Ungerade Zahl
SÜDREICH: JUDA
(Juda & Benjamin)
Geteiltes Königreich
Jesaja ist während der Amtszeit von vier Königen Prophet.
+3
Josia wird mit acht Jahren König des Südreiches.
+3
Jerobeam wird König von Israel. Etwa 931 v. Chr.
-3
Elia prophezeit zwei gottlosen Königen des Nordreiches: Ahab (etwa 874-853 v. Chr.) und Ahasja (etwa 853-852 v. Chr.).
-3
Elisa prophezeit vier weiteren gottlosen Königen des Nordreiches: Joram (etwa 852-841 v. Chr.), Jehu (841-814 v. Chr.), Joahas (etwa 814-798 v. Chr.) und Joasch (etwa 798-782 v. Chr.).
-3
Jona prophezeit gegen Ninive in Assyrien. Etwa 780-775 v. Chr.
EINE RUNDE AUSSETZEN
Die Assyrer erobern das Nordreich und nehmen die Menschen gefangen. 722 v. Chr.
-3
Die Babylonier erobern das Südreich und nehmen die Menschen gefangen. 605 v. Chr.
-3
Im Exil
Daniel wird nach Babylon verschleppt. 597 v. Chr.
-1
Der Tempel in Jerusalem wird zerstört. Dadurch haben die Israeliten keinen festen Ort mehr, an dem sie Opfer darbringen und Gott begegnen können. Sie haben auch keinen König, durch den sich das Versprechen an David erfüllen kann.
-3
Der neue Tempel ist fertiggestellt. Die Israeliten haben nun endlich wieder einen Ort, an dem sie Gott begegnen und ihm Opfer darbringen. 516 v. Chr.
+3
Esther heiratet König Xerxes und wird Königin des persischen Reiches.
+3
Maleachi, der letzte Prophet des Alten Testaments, prophezeit einen kommenden Boten Gottes. 433-424 v. Chr.
4 FELDER VORRÜCKEN
Die römische Herrschaft über Isra beginnt. 63 v. Chr.
2 RUNDEN AUSSETZEN

In Jesus wird Gott Mensch und kommt in Bethlehem, der Herkunftsstadt Davids, zur Welt, um unter uns zu leben.
Etwa 4 v. Chr.
+7

Jesus besucht als Kind den Tempel in Jerusalem. Dort unterhält er sich mit den Gesetzeslehrern und nennt den Tempel das Haus seines Vaters.
Etwa 8 n. Chr.
+3

Jesus wird von Johannes dem Täufer getauft und beginnt anschließend seinen Dienst.
29 n. Chr.
+3

Jesus beruft seine Jünger.
29 n. Chr.
+12

Jesus gibt über 5.000 Menschen zu essen.
32 n. Chr.
+7

Jesus reitet auf einem Esel nach Jerusalem. Er bezeichnet sich als den König, auf den das Volk Israel lange gewartet hat; er ist der Nachkomme Davids, der vor Jahrhunderten vorhergesagt wurde.
33 n. Chr.
+3

Jesus wird festgenommen. Er stirbt am Kreuz. Er opfert sich für die Sünde der Menschen.
33 n. Chr.

EIN FELD VORRÜCKEN

Drei Tage später steht er von den Toten auf. Damit zeigt Jesus, dass er der wahre König ist und Sünde und Tod besiegt hat.
33 n. Chr.
+7

Jesus erscheint insgesamt mehr als 500 Menschen. 40 Tage nach seiner Auferstehung fährt er in den Himmel auf mit dem Versprechen, eines Tages zurückzukehren.
33 n. Chr.

8 FELDER VORRÜCKEN

Jünger und Apostel

An Pfingsten empfangen die Jünger Jesu den Heiligen Geist. Ab jetzt wird kein Tempel mehr benötigt, weil Gott durch seinen Geist in seinen Nachfolgern lebendig ist.
33 n. Chr.
+3

Die Apostel beginnen, die Gute Nachricht von Jesus überall in Jerusalem, Judäa und Samarien zu erzählen.
+3

Paulus findet zum Glauben und beginnt seine Missionsreisen, um den Menschen überall in der damaligen Welt von Jesus zu erzählen.
+1

Die meisten Bücher des Neuen Testaments werden niedergeschrieben.
45-69 n. Chr.
+26

Der Tempel in Jerusalem wird ein zweites Mal zerstört.
70 n. Chr.
-3

Die Offenbarung, das letzte Buch der Bibel, wird geschrieben.
95 n. Chr.
+1

Gott wirkt in seiner Gemeinde und durch seine Nachfolger, die den Menschen von Jesus erzählen.
+1

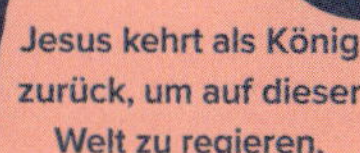

Jesus kehrt als König zurück, um auf dieser Welt zu regieren.
+7

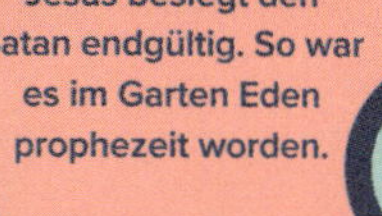

Jesus besiegt den Satan endgültig. So war es im Garten Eden prophezeit worden.
+3

Himmel und Erde werden von Gott zu einer neuen Schöpfung erneuert, in der es keine Sünde, keinen Tod, keine Krankheit und kein Leid mehr gibt.

Der Baum des Lebens steht in der Mitte des Neuen Jerusalems, genau wie es im Garten Eden war.
+3

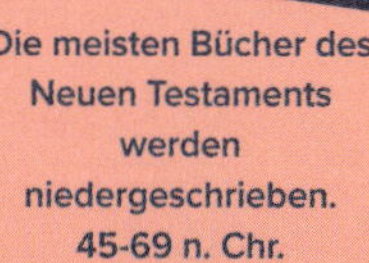

EWIGKEIT

Gottes Volk lebt für immer bei ihm auf der erneuerten Erde. Dieses Volk braucht keinen Tempel, weil Gott selbst bei den Menschen lebt.

Der Spieler, der als Erster das Spiel beendet, erhält
+7

THEMEN

 **GOTT erschafft NEUES LEBEN**

 **GOTT REGIERT als KÖNIG**

 **GOTT als KÖNIG VERWORFEN**

 **DER WIDERSTAND des Teufels gegen Gott und unsere Rebellion**

 **TEUFEL und SÜNDE sind BESIEGT**

 **ERLÖSUNG der Menschheit durch JESU OPFER**

 **GOTT WOHNT bei den MENSCHEN**

 **Unsere Gemeinschaft mit Gott, DURCH SÜNDE ZERSTÖRT**

 **GOTTES VERHEISSUNGEN**

 **DIE ANGST, dass Gott seine Verheißungen NICHT HÄLT**

EPOCHEN

Der Anfang

Gott erschafft das Universum und die Menschen. Die Menschen rebellieren gegen Gott.

Ursprung des Volkes Israel

Gott erwählt von Abraham ausgehend ein Volk, um dadurch die ganze Welt zu segnen.

Die Epoche der Könige

Gottes Volk rebelliert gegen ihn und nimmt ihn nicht als König ernst. Israels eigene Könige führen das Volk in die Irre.

Das Neue Testament

Gott schickt seinen Sohn Jesus, der am Kreuz für uns stirbt und uns dadurch von unserer Schuld befreit.

STERN VON BETHLEHEM

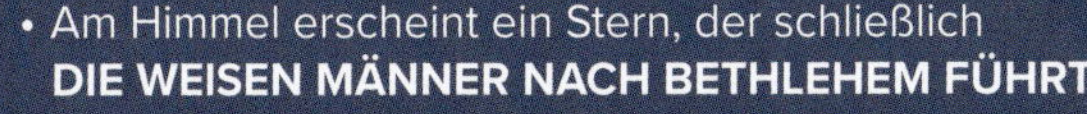

- Am Himmel erscheint ein Stern, der schließlich **DIE WEISEN MÄNNER NACH BETHLEHEM FÜHRT.**
- Manche Wissenschaftler vermuten, dass dieser »Stern« möglicherweise ein Komet ist oder ein astronomisches Zusammentreffen der Planeten Jupiter und Venus. Auf jeden Fall ist dieser Stern etwas ganz Besonderes.

ZERTIFIZIERTES WUNDER

JESUS

DIE GEBURT VON JESUS ÄNDERT DEN KALENDER

v. Chr. »Vor Christus« | **n. Chr.** »Nach Christus«

- Der Geburtstag von Jesus ist vielleicht schon im Jahre **5 v. Chr.**
- Am achten Tag nach seiner Geburt wird er feierlich Jesus genannt. Dieser Name bedeutet **»GOTT RETTET«.**
- Kirchen der westlichen Welt feiern den **24. ODER 25. DEZEMBER** als den Geburtstag von Jesus. Kirchen im östlichen Raum feiern diesen Tag am **6. JANUAR.**
- Im Griechischen ist der Buchstabe »X« (Aussprache: „Chi") der Anfangsbuchstabe des Wortes Christus. So kommt es, dass „Christmas", das englische Wort für Weihnachten, oft mit **»XMAS«** abgekürzt wird. Schließlich steckt in »Christmas« der Name Christus.

WEISE MÄNNER

Magier, der *(Substantiv):* Astrologe, deutet Ereignisse

- Die weisen Männer besuchen Jesus, als er schon ein Kleinkind ist, nicht mehr ein Neugeborenes.
- Tatsächlich ist gar nicht überliefert, wie viele weise Männer wirklich zu Jesus kommen. Weil jedoch **DREI GESCHENKE** erwähnt werden, wird traditionell auch von **DREI BESUCHERN** gesprochen.

Gold
Ein kostbares Edelmetall, das sein Königreich symbolisiert.

Weihrauch
Ein wohlriechendes Parfüm. Es soll seine Rolle als Priester auf Erden symbolisieren

Myrrhe
Ein Salböl für die Pflege eines Leichnams. Es weist schon jetzt auf seinen Tod und seine Auferstehung hin.

MARIA & JOSEF

- Für die Volkszählung der Römer reisen sie über **112 KILOMETER** von Nazareth nach Bethlehem. Für uns heute ist das eine etwa einstündige Fahrt. Damals bedeutet dies eine **DREITÄGIGE REISE ZU FUSS** ... und Maria ist im neunten Monat schwanger!
- **IN BETHLEHEM BRINGT MARIA DEN KLEINEN JESUS ZUR WELT** (vorhergesagt in Micha 5,1), zur Zeit von Herodes dem Großen.

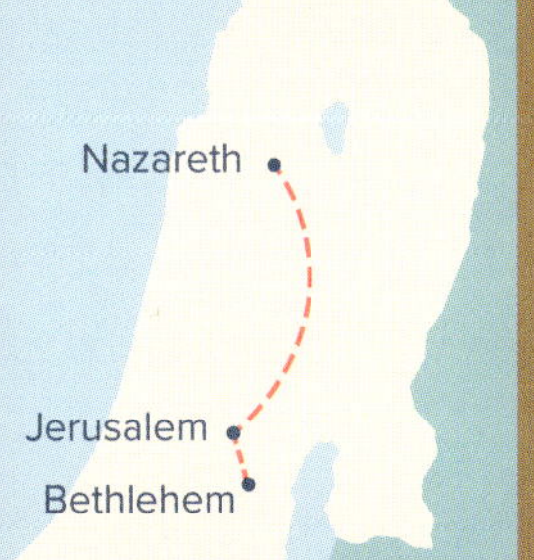

WER IST HERODES?

Herodes der Große
erweitert den jüdischen Tempel und stirbt kurz nach Jesu Geburt.

Herodes Antipas
regiert während des Lebens und Sterbens Jesu und lässt Johannes den Täufer töten.

Herodes Agrippa I.
Enkel von Herodes dem Großen. Er tötet den Apostel Jakobus und wirft Petrus ins Gefängnis.

IST JESUS WIRKLICH DER AUSERWÄHLTE GOTTES?

Messias, der
(Substantiv): »Der Gesalbte« oder »Der Erwählte«

IN DER BIBEL VORHERGESAGT ✓ IN JESUS ERFÜLLT

In **Jesus haben sich rund 150 Prophezeiungen der Bibel erfüllt.** Dabei tat er ***alles***, was die Schriften schon Jahrhunderte vorher über ihn sagten! Auf dieser Seite findest du nur eine kleine Auswahl an Prophezeiungen, die Jesus erfüllt hat: bei seiner Geburt, im Lauf seines Lebens und durch seinen Tod und seine Auferstehung.

Prophezeiung, die
(Substantiv):
eine Voraussage, was in der Zukunft geschehen wird

Nachfahre Abrahams
1. Mose 12,3 und 17,19 — Matthäus 1,1-2+16; Lukas 3,23+34

Nachfahre Davids
2. Samuel 7,12-16; Jesaja 9,6 — Lukas 1,32

Geboren in Bethlehem
Micha 5,1 — Lukas 2,4-7

Geboren von einer Jungfrau
Jesaja 7,13-14 — Lukas 1,26-31

Flucht nach Ägypten
Hosea 11,1 — Matthäus 2,13-15

Bote wird ihm vorausgeschickt
Jesaja 40,3 — Matthäus 3,1-3

Spricht in Gleichnissen
Psalm 78,2 — Matthäus 13,34-35

Gleichnis, das *(Substantiv):* kurze Geschichte, um eine geistliche Wahrheit zu erklären

Reitet auf einem Esel nach Jerusalem
Sacharja 9,9 — Matthäus 21,1-11

Verraten von einem guten Freund, der mit ihm isst
Psalm 41,10 — Johannes 13,18

Seine Seite wird durchstochen
Sacharja 12,10 — Johannes 19,34

Hände und Füße werden durchbohrt
Psalm 22,17 — Johannes 20,25-27

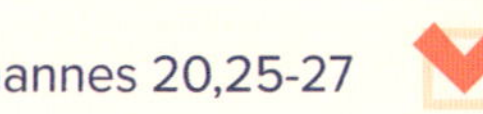

Keiner seiner Knochen wird gebrochen
2. Mose 12,46 und Psalm 34,21 — Johannes 19,33

Steht von den Toten wieder auf
Psalm 16,10 und 49,16 — Markus 16,5-6

Fährt zum Himmel auf und sitzt an Gottes rechter Seite
Psalm 68,19 — Apostelgeschichte 1,9; 2,32-33; 1. Korinther 15,3-4

WAS SAGT DIE STATISTIK?

WIE STEHEN DIE CHANCEN?

1 PERSON ERFÜLLT 8 PROPHEZEIUNGEN

ERGIBT EINE WAHRSCHEINLICHKEIT VON

1 zu 100.000.000.000.000.000

Das heißt EINS zu »EINHUNDERT BILLIARDEN«!

MIT SO VIELEN **1-EURO-MÜNZEN** KÖNNTE MAN GANZ DEUTSCHLAND, ITALIEN UND DÄNEMARK **MIT EINER 60 CM DICKEN SCHICHT BEDECKEN!**

MIT DERSELBEN WAHRSCHEINLICHKEIT WÜRDE MAN **EINE BESTIMMTE DIESER MÜNZEN** AUF ANHIEB FINDEN

60 cm

Der Vergleich stammt aus: Josh McDowell *Evidence That Demands a Verdict*

WIE STEHEN DIE CHANCEN?

1 PERSON ERFÜLLT 48 PROPHEZEIUNGEN

ERGIBT EINE WAHRSCHEINLICHKEIT VON

1 zu 10.000.000.000.000.000.
000.000.000.000.000.000.000.000.
000.000.000.000.000.000.000.000.
000.000.000.000.000.000.000.000.
000.000.000.000.000.000.000.000.
000.000.000.000.000.000.000.000.
000.000.000.000.000.000.000.000.
000.000.000.000.000

Das entspricht der geschätzten **ANZAHL** der **STERNE** in **UNSEREM UNIVERSUM!**

Dabei hat **Jesus viel mehr als 48 Prophezeiungen erfüllt.** Da brauchen wir noch einige Nullen mehr!

JESUS WIRD GEKREUZIGT

ER STIRBT FÜR UNSERE SÜNDE

Zeitpunkt
Prophezeiung
Erfüllt
400 Meter

VIA DOLOROSA, oder der »Leidensweg Jesu«, war etwa einen halben Kilometer lang. **Normalerweise läuft man diese Strecke in neun Minuten, vor seinem Tod brauchte Jesus dafür drei Stunden.**

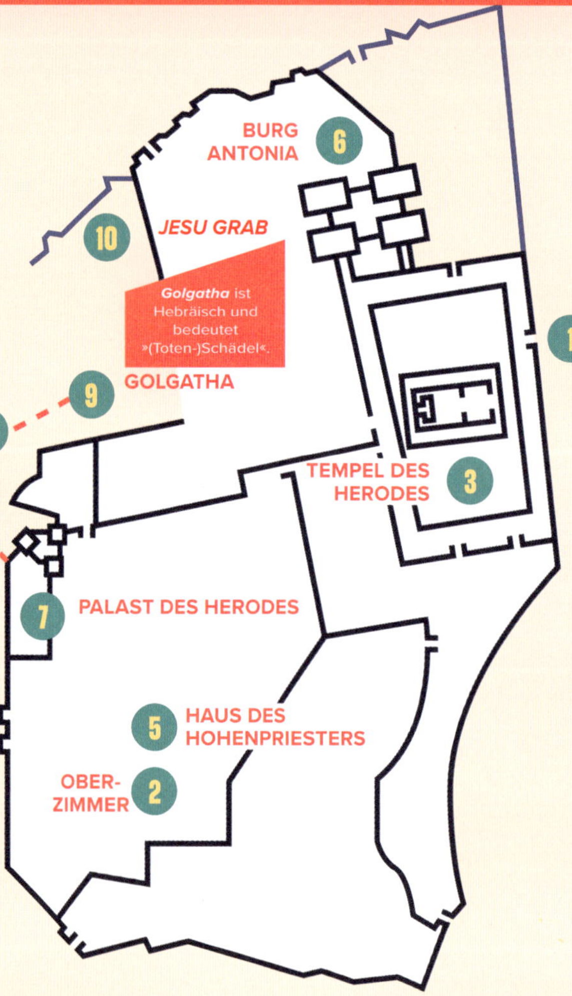

BURG ANTONIA 6
10 JESU GRAB
Golgatha ist Hebräisch und bedeutet »(Toten-)Schädel«.
9 GOLGATHA
8
1 GOLDENES TOR
4 GARTEN GETHSEMANE
TEMPEL DES HERODES 3
7 PALAST DES HERODES
5 HAUS DES HOHENPRIESTERS
OBER-ZIMMER 2

DAS KREUZ wog etwa **140 KILOGRAMM**

Das ist etwa so schwer wie **EIN RUCKSACK** mit mehr als **80 SCHULBÜCHERN**

1 EINZUG IN JERUSALEM AM PALMSONNTAG

JESUS RITT AUF EINEM ESEL.

Sacharja 9,9 — Matthäus 21,5-6 ✓

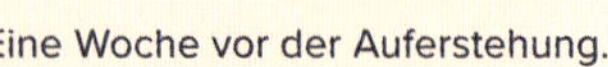

Eine Woche vor der Auferstehung.

2 DAS LETZTE ABENDMAHL MIT DEN JÜNGERN

Am Tag vor der Kreuzigung.

3 VERRATEN VON SEINEM JÜNGER JUDAS

ER WURDE VON EINEM FREUND VERRATEN.

Psalm 55,13-14 — Matthäus 26,48-50 ✓

JUDAS ERHIELT DAFÜR 30 SILBERSTÜCKE.

Sacharja 11,12 — Matthäus 26,14-15 ✓

4 GEFANGENNAHME BEI NACHT

SEINE JÜNGER LIESSEN IHN IM STICH.

Sacharja 13,7 — Matthäus 26,56 ✓

5 VERHÖR VOR DEM SANHEDRIN

FALSCHE ZEUGEN SAGTEN GEGEN IHN AUS.

Psalm 35,11 — Matthäus 26,59-60 ✓

6 VERHÖR DURCH PONTIUS PILATUS

JESUS SCHWIEG ZU DEN ANSCHULDIGUNGEN.

Jesaja 53,7 — Matthäus 27,12-14 ✓

7 VON PILATUS ZUM TODE VERURTEILT

ER WURDE ANGESPUCKT.

Jesaja 50,6 — Matthäus 27,30 ✓

8 JESUS TRUG SEIN KREUZ NACH GOLGATHA

9 JESUS WIRD ANS KREUZ GEHÄNGT.

9:00 Uhr

MIT VERBRECHERN HINGERICHTET
Jesaja 53,12 – **Markus 15,27-28** ✓

BEGNADIGTE EINEN VERBRECHER Lukas 23,42-43

BETETE FÜR SEINE VERFOLGER
Jesaja 53,12 – **Lukas 23,34** ✓

SOLDATEN VERLOSTEN SEINE KLEIDUNG
Psalm 22,19 – **Matthäus 27,35** ✓

SPRACH MIT SEINER MUTTER UND JOHANNES Johannes 19,26-27

Die beiden wurden begleitet von Maria Magdalena, Maria (der Mutter von Jakobus und Josef) und Maria (der Frau von Klopas und Mutter der Söhne des Zebedäus).

JESUS LITT DURST Johannes 19,28

MAN GAB IHM ESSIGWASSER ZU TRINKEN
Psalm 69,22 – **Johannes 19,29-30** ✓

12:00 Uhr

IM GANZEN LAND HERRSCHTE DUNKELHEIT
Amos 8,9 – **Matthäus 27,45** ✓

Mit Dunkelheit war schon einmal jemand bestraft worden – mehr dazu auf Seite 15.

SCHRIE: »MEIN GOTT, MEIN GOTT, WARUM HAST DU MICH VERLASSEN?«
Psalm 22,2 – **Matthäus 27,46** ✓

BETETE: »IN DEINE HÄNDE LEGE ICH MEINEN GEIST.«
Psalm 31,6 – **Lukas 23,46** ✓

Übrigens war das eine übliche jüdische Redewendung, die vor dem Zubettgehen zitiert wurde. Es bedeutet **»Ich vertraue darauf, dass du mich morgen wieder aufwachen lässt.«** Ist auch Anspielung auf die Auferstehung Jesu.

Der massive Vorhang war **ÜBER 10 CM DICK** und so solide, dass selbst **ZWEI PFERDE*** ihn nicht zerreißen konnten!

18 m

9 m

15:00 Uhr

JESUS SCHRIE: »ES IST VOLLBRACHT!« Johannes 19,30

SEINE KNOCHEN WURDEN NICHT GEBROCHEN
Psalm 34,21 – **Johannes 19,33** ✓

SEINE SEITE WURDE DURCHBOHRT
Sacharja 12,10 – **Johannes 19,34-37** ✓

BLUT UND WASSER FLOSSEN AUS SEINER SEITE
Psalm 22,15 – **Johannes 19,34** ✓

ES GAB EIN GROSSES ERDBEBEN Matthäus 27,51

GRÄBER ÖFFNETEN SICH UND TOTE ERWACHTEN ZU NEUEM LEBEN Matthäus 27,52-53

EIN ZENTURIO FAND ZUM GLAUBEN Lukas 23,47

Ein Zenturio war ein Kommandant über 80 oder 160 römische Soldaten.

DER VORHANG IM TEMPEL RISS ENTZWEI Matthäus 27,51

Der Vorhang trennte das Allerheiligste vom restlichen Tempel. Gottes Gegenwart war nun für alle zugänglich.

10 JESU LEICHNAM WURDE IN EIN FELSENGRAB GELEGT

BEERDIGT IM GRAB EINES REICHEN MANNES
Jesaja 53,9 – **Matthäus 27,57-60** ✓

Felsengrab, das *(Substantiv)*: ein in einen Felsen oder Erdhügel gehauener Raum für einen Leichnam

HALLELUJA

JESUS WURDE IN EIN FELSENGRAB GELEGT

Das Grab wurde von mindestens vier römischen Soldaten bewacht und mit einem besonderen Siegel verschlossen. Wer das Siegel brach, wurde mit dem Tod bestraft.

Der Stein vor dem Grabeingang war etwa 1 x 2 Meter groß und 30 cm dick. Er wog ungefähr **1.400 kg** – das ist so viel wie ein kleines Auto!

3 TAGE LANG WAR JESUS IM GRAB

AM DRITTEN TAG WAR WIEDER EIN

GEWALTIGES ERDBEBEN.

Ein Engel Gottes rollte den Stein von dem Grab weg und setzte sich darauf.

DAS VERSETZTE DIE WACHSOLDATEN IN ANGST UND SCHRECKEN.

Die Hohenpriester sagten ihnen, sie sollten erzählen, die Jünger Jesu hätten den Leichnam nachts gestohlen, während die Soldaten schliefen. Aber das war gelogen.

DIE ZAHL 3 IST KEIN ZUFALL

Es gab

3 BEREICHE

in der **Stiftshütte**.

Lies es auf Seite 19 nach.

Jona war

3 TAGE

im Bauch eines Fisches.

Matthäus 12,40

Jesus wartete mindestens

3 TAGE,

bevor er **Lazarus auferweckte.**

Johannes 11,38-44

Es war in der jüdischen Kultur ü mit dem Begräbnis

3 TAGE

zu warten, um sicherzustellen, der Verstorbene tatsächlich tot So war klar, dass Jesus tatsäch ein **Wunder** vollbracht hatte

ER IST AUFERSTANDEN!

Matthäus 27-28
Lukas 24
Johannes 20

NACH SEINER AUFERSTEHUNG WANDELTE JESUS 40 TAGE LANG AUF DER ERDE

SO LANGE ...

regnete es während der großen Flut
1. Mose 7,4-12

war Mose mit Gott auf dem Berg Sinai
2. Mose 34,28

erkundeten die Spione das Gelobte Land
4. Mose 13,25

blieben den Einwohnern von Ninive, um ihr Leben zu ändern
Jona 3,4

fastete Jesus in der Wüste, bis er vom Satan versucht wurde
Matthäus 4,1-11

NACH SEINER AUFERSTEHUNG ERSCHIEN JESUS VIELEN MENSCHEN, z. B.

Jakobus in der Nähe von Damaskus
1. Korinther 15,7

Maria Magdalena vor dem leeren Grab
Johannes 20,14-16

Saulus auf der Straße vor Damaskus
Apostelgeschichte 9,3-5

Kleopas und einem Gefährten auf dem Weg nach Emmaus
Lukas 24,13-32

Simon Petrus in Jerusalem
Lukas 24,34

Salome, Johanna und Maria, der Mutter von Jakobus
Markus 16,1 und Lukas 24,10

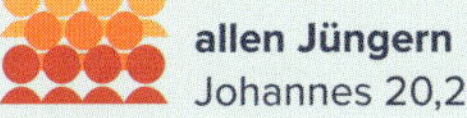

allen Jüngern
Johannes 20,26

über 500 Menschen in Galiläa
1. Korinther 15,6

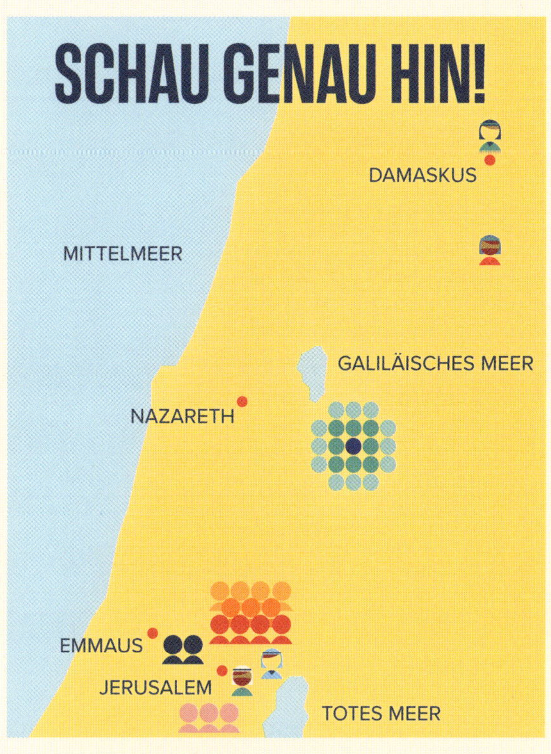

DIE BEDEUTUNG DER AUFERSTEHUNG WAR BAHNBRECHEND

Jetzt war klar:
Sünde und Tod sind besiegt.

Jesus hat Macht, Sünden zu vergeben.

Prophezeiungen über den Messias sind erfüllt.

Christentum unterscheidet sich grundlegend von anderen Religionen.

Welche Religion glaubt ...	Christentum	Judentum	Islam	Bahai	Hinduismus	Buddhismus	New Age
nicht an einen Gott						✓	✓
an andere Götter					✓		
an einen Gott	✓	✓	✓	✓			
an die Dreieinigkeit	✓						
Jesus war Marias Sohn	✓	✓	✓	✓			
Mutter Jesu war Jungfrau	✓		✓	✓			
Jesus war ein weiser Mann	✓	✓	✓	✓	✓	✓	✓
Jesus war göttlich	✓		✓	✓	✓	✓	
Jesus war der Messias	✓						
Jesus starb am Kreuz	✓	✓		✓			
Jesus ist auferstanden	✓						

JESUS UND SEINE 12 JÜNGER

GEWÖHNLICHE MÄNNER, BESONDERER AUFTRAG

Jünger, der *(Substantiv)*
1 : ein Schüler
2 : ein Nachfolger Jesu
3 : einer der 12 engsten Nachfolger Jesu

JESUS LEHRT SEINE JÜNGER

- **Er begann seinen Dienst,** als er etwa 30 Jahre alt war. Das war bei Rabbinern (Lehrern) zu dieser Zeit so üblich.
- **Er lehrte nicht nur in Synagogen.** Auch im Freien, auf Straßen, auf Seen, auf Bergen. **Seine Botschaft wurde** damals von den meisten jüdischen Gesetzeslehrern **als radikal angesehen.**
- **Seine 12 Jünger** lebten mit ihm, aßen mit ihm und folgten ihm überallhin. Möglicherweise waren sie noch keine 20 Jahre alt, als Jesus sie berief – bis auf Petrus, der ganz sicher älter war.

BEZIEHUNGEN UNTEREINANDER

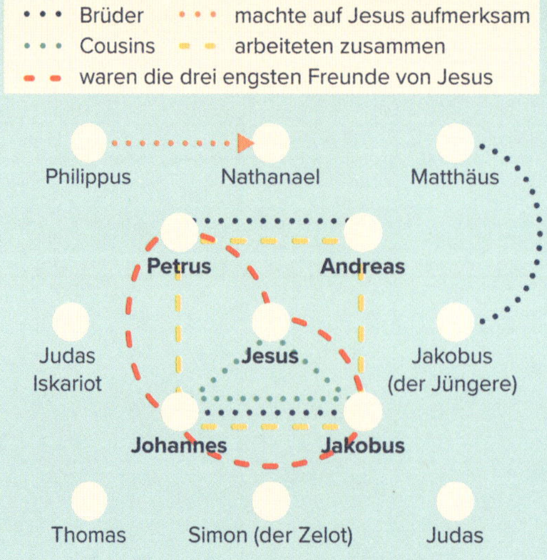

VON JESUS INSPIRIERTE AUTOREN

Das Neue Testament wurde von insgesamt 9 Autoren geschrieben, unter ihnen 3 der 12 Jünger.

Zusammengerechnet haben diese drei Jünger **ein Drittel** aller Kapitel des Neuen Testaments geschrieben.

DIE JÜNGER WURDEN AUCH APOSTEL GENANNT

Apostel, der *(Substaniv)*
1 : wird auf eine Mission geschickt, um zu predigen
2 : einer von den ursprünglich 12 Jüngern Jesu

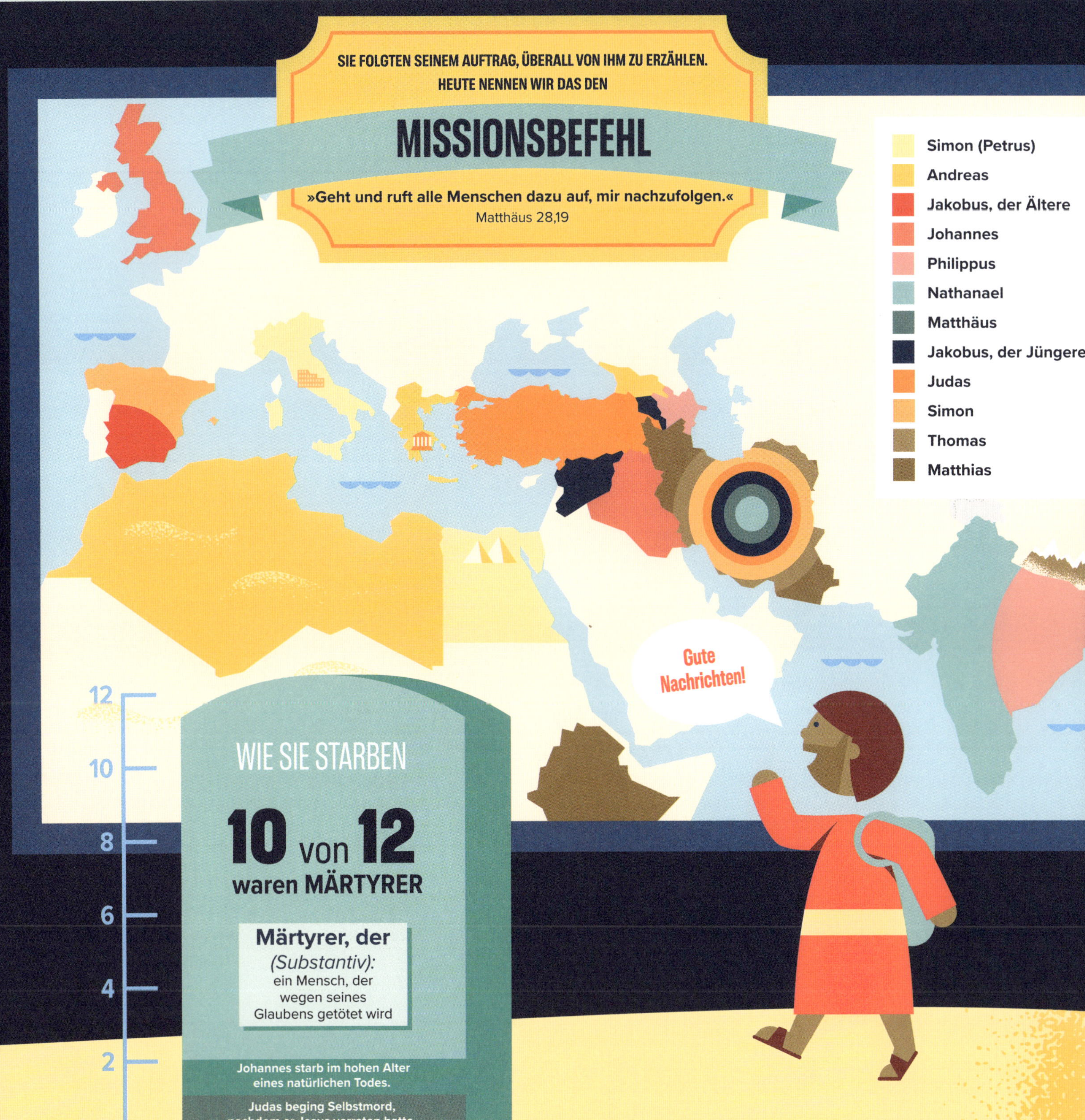

DER APOSTEL PAULUS

WER WAR PAULUS?

- **Auch genannt Saulus**
- **Römischer Bürger**
- **Zeltmacher**
- **Jude aus dem Stamm Benjamin**
- **Pharisäer**

Pharisäer, der *(Substantiv):*
Mitglied einer jüdischen Bewegung, die sich sehr strikt an die religiösen Gesetze und Traditionen hielt

- **Zielstrebig** (als Verfolger der frühen Christen und später als Apostel gleichermaßen)

zielstrebig *(Adjektiv):*
unbeirrt auf ein festes Ziel hinarbeitend, voller Leidenschaft und Eifer für eine Person, Sache oder ein Ideal

- **Verfolger der christlichen Gemeinde**
- **Zum christlichen Glauben konvertiert** (Apostelgeschichte 9)

- **Apostel**
- **Autor**

PAULUS ALS SCHRIFTSTELLER

Er schrieb fast die Hälfte aller neutestamentlichen Bücher.

Die Schriften des Paulus waren ursprünglich Briefe entweder an Gemeinden oder an einzelne Personen. Sie werden auch Epistel genannt.

Epistel, die *(Substantiv):*
altes Wort für Brief

Gefängnisbriefe – verfasst, während Paulus inhaftiert war

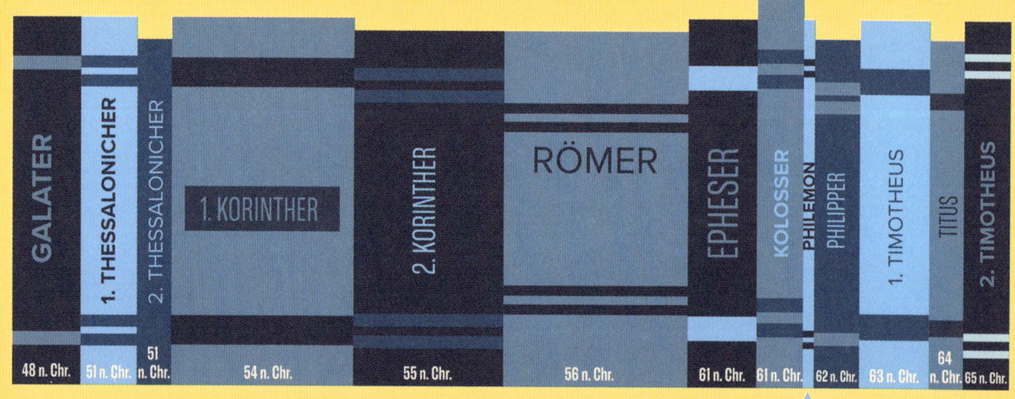

PAULUS HAT NICHT AUFGEGEBEN 2. KORINTHER 11,23-27

6 JAHRE IM GEFÄNGNIS

Dort erzählte er seinen Mitgefangenen, den Wärtern und selbst seinen Anklägern von Jesus und schrieb mehrere Briefe.

3 MAL SCHIFFBRUCH

1 MAL VON SCHLANGE GEBISSEN

Paulus blieb unverletzt und erzählte den Menschen auf der Insel Malta von Jesus.

5 MAL AUSGEPEITSCHT

39 Hiebe (wie Paulus sie bekam) waren das erlaubte Höchstmaß, damit der Ausgepeitschte nicht an seinen Verletzungen starb.

3 MAL MIT STÖCKEN GESCHLAGEN

1 MAL GESTEINIGT

Man hielt ihn für tot und brachte ihn aus der Stadt. Paulus aber stand auf und ging zurück. Am nächsten Tag verließ er die Stadt.

MÄRTYRER

Am Ende ließ er sein Leben für seinen Glauben an Jesus Christus.

Trotzdem schrieb Paulus: **»Was ich auch immer für euch erleiden muss, nehme ich gern auf mich; ich freue mich sogar darüber.«**

Kolosser 1,24

EIN WELTREISENDER PAULUS HAT DIE GUTE NACHRICHT VON JESUS IN DER WELT VERBREITET

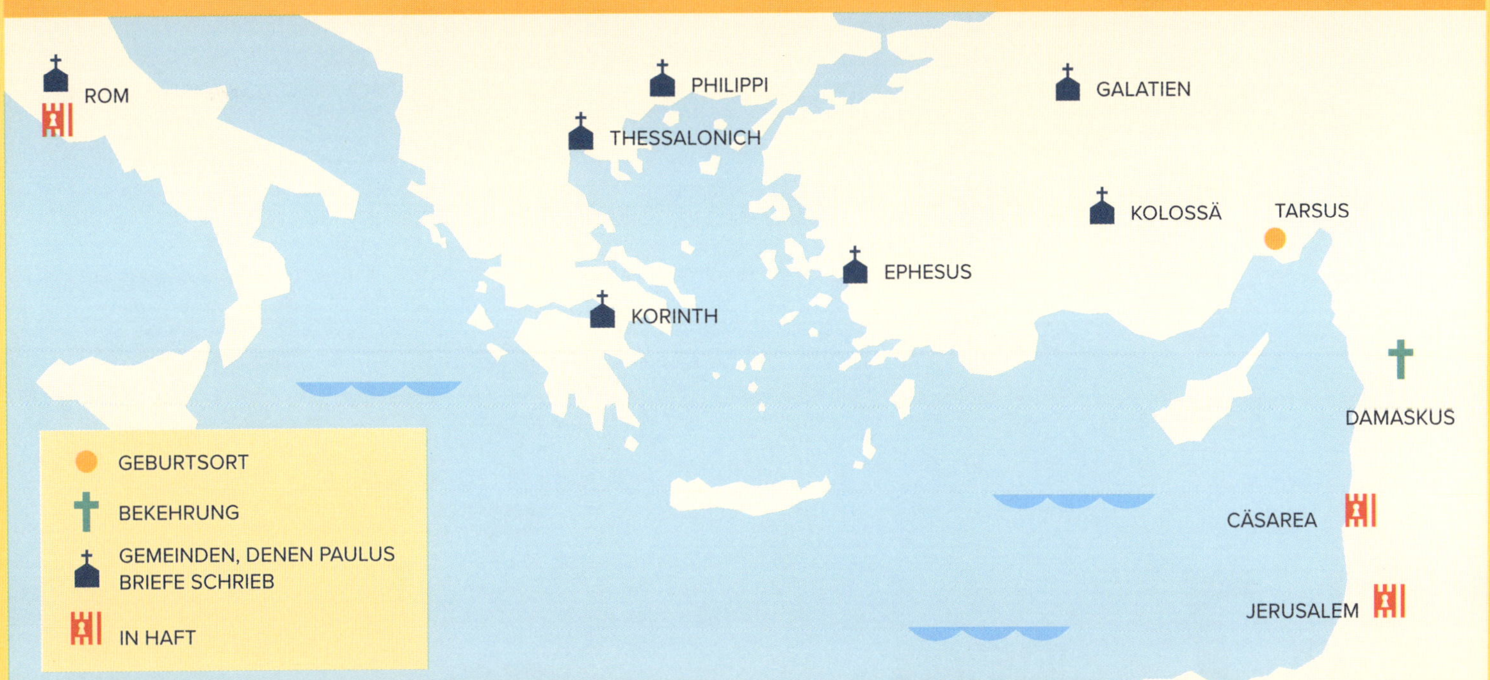

PAULUS LEGTE INSGESAMT AUF SEINEN REISEN MEHR ALS **16.000 KILOMETER** ZURÜCK: DAS IST ETWA SO WEIT WIE VON **LOS ANGELES** IN KALIFORNIEN BIS AN **DIE SÜDSPITZE** VON SÜDAMERIKA. WENN MAN **JEDEN TAG 10 KM** ZURÜCKLEGEN WÜRDE, BRÄUCHTE MAN DAFÜR FAST **4½ JAHRE.**

AUF DIESER STRECKE MACHT MAN MEHR ALS **20 MIO. SCHRITTE.** SO VIELE SCHRITTE BENÖTIGT MAN, UM DAS **EMPIRE STATE BUILDING** IN NEW YORK **6.345 MAL** HOCH- UND WIEDER RUNTERZUSTEIGEN! DABEI WÜRDEST DU VERMUTLICH **25 PAAR SCHUHE** VERSCHLEISSEN.

GOTTES PLAN FÜR DIE ZUKUNFT

Entdecke die Schlüsselzahlen im Buch der Offenbarung

7 IN DER BIBEL STEHT DIE ZAHL 7 FÜR VOLLENDUNG UND VOLLKOMMENHEIT.

7

ENGEL – STEHEN FÜR – STERNE

ENGEL – SPRECHEN ZU – GEMEINDEN

LEUCHTER – STEHEN FÜR – GEMEINDEN

STERNE ← 7 → GEMEINDEN

ENGEL ↑ 7 ↓ LEUCHTER

GEMEINDEN:

- EPHESUS
- SMYRNA
- PERGAMON
- THYATIRA
- SARDES
- PHILADELPHIA
- LAODIZEA

7

HÖRNER auf dem Kopf des Lammes

AUGEN am Kopf des Lammes

SIEGEL auf der Schriftrolle des Lammes

24 ÄLTESTE verneigen sich vor dem Lamm

2 für jeden der ...

12 STÄMME Israels

7 TROMPETEN werden geblasen von ...

7 ENGELN, diese überbringen ...

7 PLAGEN

7 SCHALEN werden gebracht von ...

7 ENGELN, diese überbringen ...

7 PLAGEN

4 APOKALYPTISCHE PFERDE

2 TIERE, die sich Gott und seinem Volk entgegenstellen.

1 DRACHE symbolisiert den Teufel.

144.000 Menschen vom Volk Israel, versiegelt für Gott

12.000 Menschen aus jedem der Stämme Israels

1.000 Jahre lang regiert Jesus auf der Erde und der Satan ist gebunden

0 TEMPEL Gott lebt inmitten seiner Menschen

- Jaspis
- Saphir
- Chalzedon
- Smaragd
- Sardonyx
- Karneol
- Chrysolith
- Beryll
- Topas
- Chrysopras
- Hyazinth
- Amethyst

REGISTER

A

Aaron ... 19
Abed-Nego ... 28
Abendmahl ... 44
Abraham ... 12-13, 15, 32, 36-37, 42
Adam und Eva ... 9, 18, 32, 36
Ägypten ... 13-15, 37, 42
Allerheiligstes ... 18-19, 45, 53
Altes Testament ... 6
Andreas ... 48-49
Anweisungen ... 16-17, 37
Arche Noah ... 10-11, 36
Auferstehung ... 39, 43, 47
Auszug aus Ägypten ... 13-18, 37

B

Babylon ... 6, 28, 33, 38
Barnabas ... 12
Bathseba ... 33
Baum des Lebens ... 18, 36, 39
Benjamin ... 12-13, 50
Bescheidenheit ... 29
Bethlehem ... 20, 24, 39, 41-42
Bileam ... 20, 23
Briefe ... 6, 50
Brot ... 31
Bundeslade ... 16, 18-19, 25
büßen ... 17

C

Cherubim ... 18-19, 36

D

Damaskus ... 23, 47, 51
Daniel ... 6, 12, 28-29, 38
Debora ... 22, 38
Demut ... 28

E

Eden ... 18-19, 36, 39, 53
Ehud ... 23
Elia ... 31, 38
Elisa ... 20-21, 30, 38
Emmaus ... 47
Engel ... 18, 20, 36, 46, 52-53
Ephraim ... 13
Erdbeben ... 45-46
Esau ... 12, 22
Esel ... 20, 23, 42, 44
Eva ... siehe Adam und Eva
Evangelien ... 6, 48
Ewigkeit ... 39
Exil ... 38

F

Feigenbaum ... 21
Feuerofen ... 28
Feuerwagen ... 31
Fisch ... 20, 30-31
Flut, große ... 10-11, 36, 47
Franz von Assisi ... 40

G

Galiläa ... 12, 47
Garten Eden ... 18-19, 36, 39, 53
Gebote ... 16, 36
Gemeinde ... 18, 39, 50-52
Gesetz Gottes ... 6, 16-17, 37
Gesundheit ... 17
Gleichnisse ... 42
Gold ... 18-19, 41
Golgatha ... 44
Goliat ... 24
Gomorra ... 22
Gott
  kennt die Zukunft ... 52-53
  Schöpfer ... 8-9
  und Daniel ... 28
  und Jakob ... 21
Götzen ... 14-15
Grab ... 45-46

H

Hagel ... 15
Heiliger Geist ... 18, 39
Heiligstes ... *s. Allerheiligstes*
Hesekiel ... 21
Heuschrecken ... 15
Himmel ... 8
Hirten ... 25, 40

I

Isaak ... 12, 22, 32, 37
Isai ... 32
Israel ... 16-17, 19, 21, 24-25, 27, 35, 37-38
  Stämme I. ... 12-13, 53
Israeliten ... 6, 8, 13-14, 17-18, 21, 37-38

J

Jakob ... 12-13, 21-22, 32, 37
Jakobus ... 41, 47-49
Jerusalem ... 24-25, 38-39, 41-42, 44, 47, 51
Jesaja ... 23, 32-33, 42, 44-45
Jesus ... 12, 16, 18, 20, 24, 37, 39
  als Erwählter ... 42-43
  Auferstehung ... 39, 43, 47
  Geburt ... 39, 40-41, 43
  Grablegung ... 39, 46
  Himmelfahrt ... 39, 43
  Prophezeiungen ... 21, 42-43
  Stammbaum ... 32-33
  Tod ... 17, 19, 39, 44-45
  und Petrus ... 20
  Verrat ... 42, 48
  Versuchung ... 47
  Wunder ... 30-31, 39
Johannes ... 6, 17-18, 21, 42-43, 45-49
Johannes der Täufer ... 12, 39, 41, 48
Jona ... 30, 38, 46-47
Josef (Sohn Jakobs) ... 13, 37
Josef (Mann von Maria) ... 33, 41
Josua ... 6, 13, 31, 37
Juda ... 12, 25, 32
Judas ... 44, 48-49
Jünger ... 39, 44, 47-49
Jungfrauengeburt ... 42

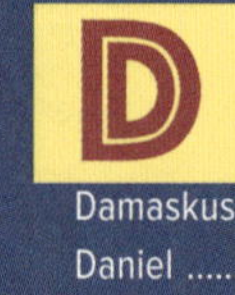

K

Keime ... 17
Kleopas ... 47
König
Belsazar ... 29
David ... 6, 24-27, 33, 42, 38
Eglon ... 23
Herodes ... 41
Jojachin ... 33
Nebukadnezar ... 28-29
Og ... 23
Salomo ... 18, 26-27, 33, 38
Saul ... 12, 25, 38
Xerxes ... 38
Kreuzigung ... 39, 44-45
Krippe ... 40

L

Lazarus ... 46
Lemuel ... 27
Lepra ... 30
Levi (Jünger) ... 48
Levi (Sohn Jakobs) ... 12, 48
Licht ... 8
Lots Frau ... 22
Löwengrube ... 28
Lukas ... 6, 20, 32-33, 40, 42, 45, 47

M

Magier ... 41
Maher-Shalal-Hash-Baz ... 23
Manasse ... 13
Manna ... 19
Maria (Jakobus' Mutter) ... 45, 47
Maria (Jesu Mutter) ... 32-33, 41, 45
Maria (Kleopas' Frau) ... 45
Maria Magdalena ... 45, 47
Märtyrer ... 49-50
Matthäus ... 6, 16, 20-21, 27, 30-32, 40, 42, 44-49
Matthias ... 48-49
Meer ... 8
Meschach ... 28
Messias ... 12, 42
Metusalem ... 22, 32
Missionsbefehl ... 49
Mond ... 7, 9, 53
Mordechai ... 12
Mose ... 6, 12-13, 16, 26, 37, 47
Musik ... 25-26
Myrrhe ... 41

N

Naaman ... 30
Nachlese ... 17
Nacht ... 9
Naftali ... 12
Nathanael ... 48-49
Nazareth ... 41
Nehemia ... 6
Neues Testament ... 6, 39, 48, 50
Nil ... 14
Ninive ... 38, 47
Noah ... 10-11, 32, 36

O

Offenbarung ... 6, 18, 52-53
Ozean ... 8

P

Palmsonntag ... 44
Passa ... 37
Paulus ... 6, 12, 50-51
Petrus ... 6, 20, 41, 47-49
Pharao ... 14-15, 37
Pharisäer ... 50
Philippus ... 48-49
Pizza ... 11
Plagen ... 14-15, 37
Planeten ... 9
Pontius Pilatus ... 44
Prophezeiungen ... 12, 21, 29, 33, 38, 41-45, 52-53
Psalmen ... 25-27

R

Rebekka ... 12, 22
Richter ... 20, 22-23, 37, 38

S

Sabbat ... 8
Salzsäule ... 22
Samarien ... 23
Samuel ... 6, 13, 24-25, 33, 38, 42
Sanhedrin ... 44
Sara ... 12
Saulus ... 47, 50
Schadrach ... 28
Schöpfung ... 8-9, 36, 39
sieben ... 8, 52
Simon ... 47-49
Simson ... 12, 38
Sodom ... 22
Sonne ... 8-9, 28, 31
Sprüche ... 27
Stall ... 40
Steinschleuder ... 24
Stern über Bethlehem ... 41
Sterne ... 9, 13, 43
Stiftshütte ... 18-19, 37, 46, 53
Sünde ... 17, 18, 44, 47

T

Tamar ... 32
Tempel ... 18, 38, 45, 53
Thomas ... 48-49
Tieropfer ... 17-19, 36-37, 38
Träume ... 13, 29
Turm zu Babel ... 36

V

Vegetation ... 8
verheißenes Land ... 13, 15, 37, 47
vierzig Tage ... 47
Visionen ... 21, 29
Vorhang des Tempels ... 19, 45
Vorschriften ... 16-17

W

Weihnachten ... 41
Weihrauch ... 41
weise Männer ... *s. Magier*

Z

Zehn Gebote ... 16, 19, 37
Zwillinge ... 12
zwölf ... 12, 48-49, 53